Cornelia Haller

Kohl, Kraut & Brokkoli

Ein Winterkochbuch voller Vitamine

Cornelia Haller

Ein Winterkochbuch voller Vitamine

Kohl, Kraut & Brokkoli

Edition RAETIA

Mit freundlicher Unterstützung der Firma Lechner, Vinschger-Bauern-Sauerkraut

Falls nicht anderes angegeben, sind die Rezepte für 4 Personen.

Abkürzungen:

g Gramm
ml Milliliter
l Liter
EL Esslöffel
TL Teelöffel
Msp. Messerspitze

Erklärung zu den Rezeptformen:

Vegane Rezepte enthalten keine Nahrungsmittel tierischen Ursprungs.

Vegetarische Rezepte enthalten neben pflanzlichen Nahrungsmitteln nur solche Produkte, die vom lebenden Tier stammen.

Low carb bezeichnet kohlenhydratarme Rezepte.

Edition Raetia, Bozen 2017
1. Auflage
ISBN 978-88-7283-607-1
ISBN E-Book 978-88-7283-458-9

Projektleitung: Eva Simeaner, Edition Raetia
Grafisches Konzept: Philipp Putzer, Farbfabrik
Druckvorstufe: Typoplus
Lektorat: Helene Dorner
Korrektur: Ex Libris Genossenschaft
Alle Fotos von Klaus Peterlin, Photographer
Foto Autorin: Franz Haller

Anregungen an info@raetia.com
Unser gesamtes Programm finden Sie unter www.raetia.com

Inhaltsverzeichnis

Kohl und Rüben

Was oder wie wäre unsere Küche – vor allem im Herbst und im Winter – ohne Kohl-, Kraut- und Rübengerichte? Richtig: ziemlich öde. Kohl und Kraut haben ihren festen Platz auf den Tellern in den Bauernstuben, in Gasthöfen, Restaurants und natürlich am heimischen Esstisch. Kohl und Kraut kennt man fast auf der ganzen Welt. In ihrer Vielfalt werden sie von kaum einem anderen Gemüse übertroffen.

Kohl gehört zu den Alpen ebenso wie zur norddeutschen Ebene und wird in aller Welt auf mannigfaltige Art und Weise zubereitet. Im Gegensatz zu vielen uns sehr vertrauten Gemüsen wie Tomaten, Kartoffeln oder Bohnen stammt der Kohl ursprünglich aus Europa. Und wie jeder „echte" Europäer ist er anpassungsfähig. Ob Lappland oder Mezzogiorno, Puszta oder Camargue, Rheinland oder Alpen – die Bewohner einer jeden europäischen Region kennen und lieben Gerichte mit oder aus den verschiedenen Kohlsorten, und nicht wenige haben daraus sogar ihre Nationalspeisen kreiert.

Botanisch gehört die Pflanzenart Kohl, lateinisch *Brassica oleracea*, zu den Kreuzblütlern. Diese „Mutter" der Kohlfamilie bringt die bekanntesten Sorten hervor: Weiß- und Spitzkohl, Wirsing, Rotkohl, Grünkohl, Rosenkohl, Chinakohl, Blumenkohl, Brokkoli, Kohlrabi sowie Speise- und Steckrübe. Besonders verbreitet sind sie auf der nördlichen Halbkugel, aber sie wachsen auch in Äquatornähe in tropischen Gefilden wie etwa in Indien, in Äthiopien und in der Karibik, was ihnen eine schier unendliche Zubereitungsvielfalt beschert.

Zwar stammt die erste schriftliche Erwähnung des Kohls aus dem Mittelmeerraum, jedoch ist es wenig wahrscheinlich, dass dort sein Ursprung ist, wird er doch in der Bibel überhaupt nicht erwähnt, und auch die Hebräer verlieren kein Wort über ihn. Viel eher scheint es zu stimmen, dass sich der „Ur-Kohl" von nord- und mitteleuropäischen Küstengebieten nach Süden ausbreitete. Noch heute wächst in diesen Gebieten eine Art Meeres-Kohl, der zur Familie der Kreuzblütler gehört – also ein Verwandter unseres altbekannten Kohls.

Was man alles mit den verschiedenen Kohlsorten, mit Rüben – und natürlich mit dem milchsauer vergorenen Sauerkraut und Rübenkraut machen kann, zeige ich Ihnen mit vorliegendem Kochbuch. Von Klassikern der gutbürgerlichen Küche über feine Kreationen und exotisch gewürzte Gerichte bis zu überraschenden Süßspeisen reicht die Bandbreite. Gerichte mit Kohl und Rüben kann man fast das ganze Jahr über zubereiten. Wegen ihres Vitamingehalts sind Kohlgerichte aber besonders in der kalten Jahreszeit beliebt und empfehlenswert. Frisches Sauer- und Rübenkraut gibt es zwar nach wie vor nur in den Wintermonaten; wer in den übrigen Jahreszeiten Appetit darauf hat, greift zu qualitativ ebenbürtiger Ware aus dem Glas – oder macht sich sein Kraut einfach selbst!

Viel Spaß und gutes Gelingen wünscht
Cornelia Haller

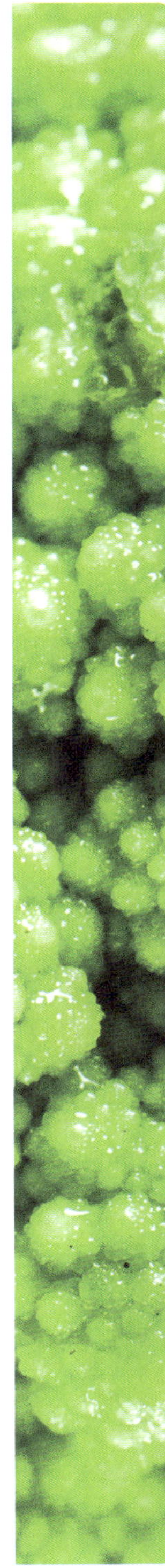

Gesundes Kohlgemüse

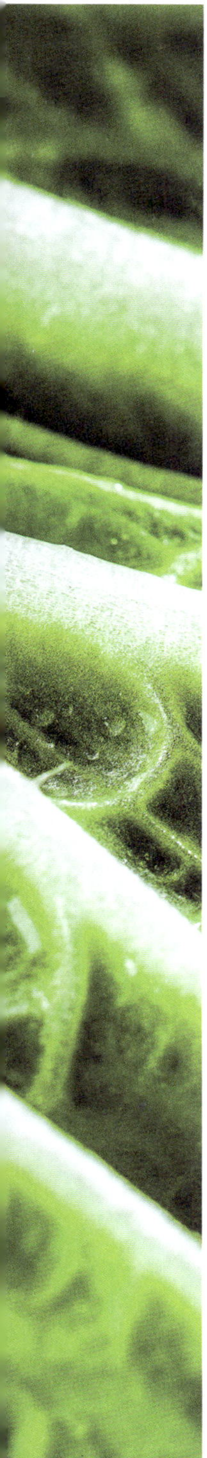

Man kann es gar nicht oft genug betonen: Kohl & Co. gehören zu den gesündesten Gemüsen, alle Kohlsorten machen fit, schlank und schön! Das haben einige unserer Altvorderen anders gesehen, denn im 13. Jahrhundert schrieb ein Arzt: „Jedes Gemüse und jeder Kohl sind schlechte Nahrung, weil sie schlechtes Blut machen." Ein typisch mittelalterlicher Aberglaube und weit gefehlt, denn es ist wissenschaftlich erwiesen, dass Kohlgemüse ein wahrer Gesundbrunnen ist.

Kohlgemüse wirkt entzündungshemmend, ist reich an Vitamin A, B, C und E. Vitamin C ist in Kohl sogar in höherer Konzentration enthalten als in Zitrusfrüchten. Auch Folsäure – wichtig zum Beispiel für Schwangere – ist in Kohl und Konsorten vorhanden. Außerdem enthält Kohl Kalzium – günstig für die Knochensubstanz – sowie Ballaststoffe, die schnell und anhaltend sättigen. Dabei sorgen sie für eine gute und schnelle Verdauung. Kohl und Rüben wirken nach medizinischem Forschungsstand krebshemmend, was auf speziellen Inhaltsstoffen, den Glukosinolaten, beruht. Sie schützen schon die Pflanze selbst vor Fressfeinden, vor Pilz- und Bakterienbefall. Außerdem belegen Forschungen, dass diese und andere Inhaltsstoffe freie Radikale im Körper binden, die möglicherweise Herzkrankheiten fördern. Frisch gepresster Weißkohlsaft (Rezept Seite 145) schützt den Verdauungstrakt und mindert Katergefühle nach übermäßigem Alkoholkonsum. Hippokrates verschrieb gekochten Grünkohl bei Husten und Heiserkeit, und auch Hildegard von Bingen empfahl Kohl & Co. bei allerlei Beschwerden.

Auch äußerlich angewendet sind Kohlblätter nützlich. Schon seit jeher als natürliches Hausmittel bekannt, lindern Kohlwickel nachweislich Gelenkschmerzen. Besonders bei Schmerzen in den Knien, die durch Gelenkarthrose ausgelöst wurden, wirken sie wie Schmerzsalben.

Die Kohlblätter entziehen dem Körper Giftstoffe, heilen entzündetes Gewebe, fördern die Durchblutung und wirken durch die im Kohlsaft enthaltenen Senföle kühlend und lindernd. Kohlwickel bewähren sich bei Insektenstichen, Halsschmerzen, Verbrennungen, Gicht oder Rheuma. Auch bei Augenentzündungen wirken aufgelegte Kohlblätter hilfreich. Einen ähnlichen Effekt erzielen Rübenscheiben.

Und so werden Kohlwickel vorbereitet: Von einem Kohl- oder Wirsingkopf löst man die äußeren Blätter und schneidet die Mittelrippe heraus. Nun walzt man das Blatt mit dem Nudelholz so lange, bis Saft austritt. Dann legt man das Blatt auf die schmerzende Stelle und wickelt ein Tuch herum. Zweimal täglich sollten die Blätter gewechselt werden.

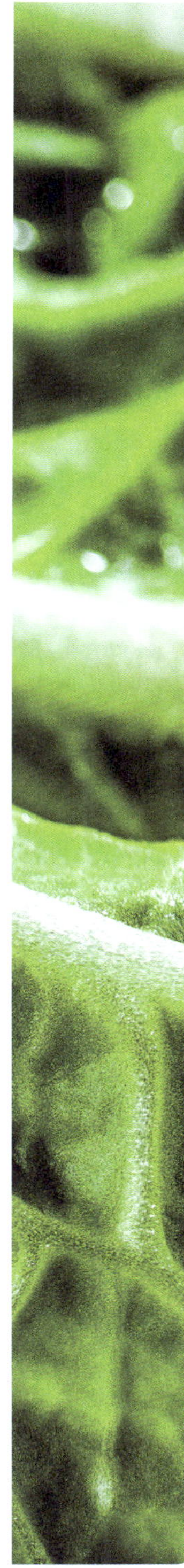

Gemüsebrühe

Die Zwiebel schälen und vierteln. In einer trockenen Pfanne bräunen, hin und wieder umrühren. Das Gemüse waschen, wenn nötig schälen und klein schneiden. Mit der gebräunten Zwiebel in einen Topf geben, das Lorbeerblatt hinzufügen und mit dem Wasser auffüllen.

Zum Kochen bringen und 30–40 Minuten ohne Deckel leise köcheln lassen, den Schaum mehrmals abschöpfen. Die Brühe durch ein mit einem Tuch ausgelegtes Sieb passieren und auf etwa 1 l einkochen.

Für etwa 1 l:

1 Zwiebel

150 g Karotten

100 g Brokkoli

100 g Sellerieknolle

100 g Zucchini

1 Lorbeerblatt

1,5 l Wasser

Hühnerbrühe

Für etwa 2 l:

1 Zwiebel

1 Suppenhuhn

1 Lorbeerblatt

1 Gewürznelke

1 Karotte

100 g Sellerieknolle

½ **Stange** Lauch

3,5 l Wasser

Die Zwiebel quer halbieren und in einer trockenen Pfanne ohne Fett sehr stark bräunen. Das Huhn abwaschen, in einen entsprechend großen Topf legen und mit dem Wasser bedecken. Lorbeerblatt und Gewürznelke hinzufügen. Aufkochen lassen und etwa 40 Minuten offen köcheln lassen, den Schaum mehrmals abschöpfen. Das Gemüse schälen und putzen, in Stücke schneiden und zum Huhn geben.

Eine weitere Stunde bei sehr geringer Hitze leise köcheln lassen. Huhn herausnehmen und eventuell anderweitig verwenden. Die Brühe entfetten und auf etwa 2 l einkochen.

Fleischbrühe

Die Zwiebel quer halbieren und in einer trockenen Pfanne ohne Fett sehr stark bräunen. Die Zwiebel herausnehmen, das Öl in die Pfanne gießen, Knochen und Markknochen abspülen, trocknen und in dem heißen Öl im Suppentopf dunkelbraun rösten.

Mit so viel kaltem Wasser aufgießen, dass sie bedeckt sind, Zwiebel, Gemüse und Lorbeerblatt hinzufügen, aufkochen lassen und offen 60–90 Minuten leise köcheln lassen, den Schaum öfter abschöpfen. Das Mark aus den Knochen lösen und anderweitig verwenden (zum Beispiel als Aufstrich auf geröstetem Bauernbrot mit einer Prise Salz).

Die Brühe durch ein mit einem Tuch ausgelegtes Sieb gießen und auf 2 l einkochen. Erkalten lassen und entfetten.

Tipp: Wenn man weniger Brühe benötigt, kann man den Rest portionsweise einfrieren.

Für etwa 2 l:

1 Zwiebel

2 kg Rinderknochen mit Fleisch

500 g Markknochen

50 ml Öl

je 100 g Karotten, Lauch und Sellerieknolle

1 Lorbeerblatt

Wasser

Basiswissen

Alle Brühen werden erst bei ihrer Verwendung gesalzen.

Fischbrühe

Für etwa 1,5 l:

1 kg Fischkarkassen (Köpfe ohne Kiemen und Gräten von weißen Fischen wie Kabeljau, Zander, Scholle, Seezunge, Steinbutt – keinen Lachs, wird schleimig!)

50 g Butter

1 Zwiebel

1 Fenchelknolle

2 Stangen Lauch

1 Stange Staudensellerie

2 Petersilienwurzeln

500 ml Weißwein (z. B. junger Weißburgunder)

2 l Wasser, kalt

1 Lorbeerblatt

1 TL Pfefferkörner, weiß

Die Fischkarkassen gründlich unter fließendem Wasser waschen, abtropfen lassen und in einem großen Topf in der Butter unter Wenden etwa 3–4 Minuten leicht erhitzen, ohne dass sie Farbe annehmen. Das Gemüse putzen, klein schneiden, zu den Fischkarkassen geben und kurz mitdünsten.

Mit dem Weißwein ablöschen und mit 2 l kaltem Wasser auffüllen. Lorbeer und Pfefferkörner hinzufügen, Trübstoffe abschöpfen, damit die Brühe klar wird. 20–30 Minuten leise köcheln lassen, durch ein Sieb gießen, die festen Teile im Sieb aber nicht ausdrücken.

Für eine besonders klare Brühe ein Spitzsieb in einen Topf hängen und mit einem Passiertuch auslegen, die Brühe durchlaufen lassen. Einen konzentrierten Fond für Soßen erhält man, wenn man die Brühe auf etwa ein Viertel der ursprünglichen Menge einkocht.

Blumen-kohl

Aus der Küche nicht wegzudenken ist der rein weiße bis elfenbeinfarbene Kopf mit den typischen Röschen. Je weißer der Kopf ist, desto besser wurde er während des Wachstums vor Sonneneinstrahlung geschützt, denn weiß bleibt er nur, wenn die großen, nach innen gedrehten Blätter die Sonne abhalten. In den Handel gelangen die meisten Blumenkohlköpfe mit bereits gestutzten Blättern.

Mittlerweile gibt es auch andersfarbige Exemplare, zum Beispiel den leuchtend grünen Romanesco, dessen Röschen wie gedrechselte Türmchen aussehen, oder grell pink- bis lilafarbenen Blumenkohl. Im Geschmack unterscheiden sich diese Sorten aber kaum vom weißen. Auch grasgrünen Blumenkohl gibt es, der etwas aromatischer schmeckt als weißer und auch mehr Nährstoffe enthält. Für die Rot- oder Lilafärbung des Blumenkohls sorgen Anthocyane zusammen mit direkter Lichteinwirkung und niedrigen Temperaturen.

In Südtirol wird Blumenkohl seit 300 Jahren angebaut. Wichtige Anbaugebiete sind die Gemeinde Laas im Vinschgau, der Ritten, das Eisacktal und das Pustertal. Durch das langsame Reifen in mittleren Höhenlagen entwickelt der Blumenkohl mehr Geschmack als im Flachland.

Blumenkohl ist ein denkbar „schlankes" Gemüse mit nur 22 Kalorien pro 100 g. Dazu kommt muskelfreundliches Magnesium, Knochen stärkendes Kalzium und Vitamin C. Schon 100 g Blumenkohl decken drei Viertel des Tagesbedarfs.

Beim Kauf sollte man auf Festigkeit und milden Duft achten. Ein strenger „Kohlgeruch" sowie braune Flecken und welke Blätter deuten auf ein höheres Alter. Im Gemüsefach des Kühlschranks hält er sich 3–4 Tage. Wenn man die Röschen kurz in kochendem Wasser blanchiert, kann man Blumenkohl auch bis zu 6 Monate einfrieren.

Blumenkohl kann man dank seines milden Geschmacks äußerst vielfältig zubereiten. Ob roh fein zerkleinert im Salat, als klassische Beilage mit Bröselbutter, als cremige Suppe, mit Käsesoße überbacken, als Pasta-Zutat oder exotisch gewürztes Curry, ob solo oder in Verbindung mit anderem Gemüse, Fleisch oder Fisch – Blumenkohl passt immer. Will man ihn als ganzen Kopf servieren, so sollte man ihn etwa 15 Minuten mit dem Strunk nach oben in kaltes Essigwasser legen, sodass Käfer und Insekten entfernt werden können. Dann schneidet man den Strunk kreuzweise ein. Wenn man die Röschen abtrennen will, so trennt man den Strunk am Ansatz ab oder schneidet ihn kreisförmig ein.

Pikanter Blumenkohl-Salat

vegan

Den Blumenkohl putzen und in kleine Röschen teilen. In kochendem Salzwasser etwa 5 Minuten blanchieren.

Zwiebel und Karotte schälen und sehr fein würfeln, Knoblauch schälen. Das Olivenöl in einem Topf erhitzen und die Zwiebel- und Karottenwürfel darin unter Rühren 6–7 Minuten braten. Den Knoblauch dazupressen und kurz mitbraten. Die Chilischoten längs aufschlitzen, entkernen und in winzige Würfel schneiden. Zu den Zwiebeln geben. Lorbeerblatt, Oregano, Muskat, Essig, Wein, Zucker und Wasser hinzufügen und kräftig mit Salz und Pfeffer abschmecken.

Aufkochen, die Blumenkohlröschen in den Sud geben und alles halb zugedeckt unter Rühren ein paar Minuten dünsten, bis die Röschen gar, aber noch bissfest sind. Auf Zimmertemperatur abkühlen lassen und servieren.

Dazu passt frisches Weißbrot.

Tipp: Auf diese Art lassen sich auch Rosenkohl, Artischocken und Okras zubereiten.

1 Blumenkohl (ca. 1,5 kg)

1 Zwiebel, klein

1 Karotte

4 Knoblauchzehen

6 EL Olivenöl

1–2 Chilischoten, frisch, grün

1 Lorbeerblatt

2 TL Oregano, getrocknet

1 Msp. Muskat

3–4 EL Weißwein- oder Apfelessig

3–4 EL Weißwein

½ TL Zucker

125 ml Wasser

Salz, Pfeffer

Blumenkohl mit Avocadocreme

vegan

1 Blumenkohl (ca. 800 g)

1 Zwiebel, klein

2 Tomaten

2 Avocados, reif

Saft einer Zitrone

4–5 EL Gemüsebrühe, abgekühlt (siehe Rezept Seite 14)

Salz, Pfeffer

1 Bund Koriandergrün, fein geschnitten (ersatzweise Petersilie)

Den Blumenkohl putzen, in Röschen teilen und in kochendem Salzwasser in 5–6 Minuten bissfest garen. Abgießen und abtropfen lassen.

Die Zwiebel fein würfeln, die Tomaten halbieren, das Innere entfernen und das Tomatenfleisch ebenfalls fein würfeln. Die Avocados längs halbieren, das Fruchtfleisch aus den Schalen lösen. In einer Schüssel mit einer Gabel zerdrücken und sofort mit dem Zitronensaft verrühren, die Tomatenstückchen und Zwiebelwürfel unterheben, die Gemüsebrühe einrühren und alles mit Salz und Pfeffer abschmecken.

Die Blumenkohlröschen auf einem Teller verteilen und die Avocadocreme darübergießen. Bis zum Servieren kalt stellen.

Dazu passen Tortilla-Chips, Weizen-Tortillas oder frisches Baguette.

Tipp: Anstelle von Zitronensaft kann man auch Limettensaft verwenden. Wer es scharf mag, gibt noch eine rote, entkernte und in feine Ringe geschnittene Chilischote unter die Creme.

Basiswissen

Vitamine und Nährstoffe bleiben am besten erhalten, wenn man den Blumenkohl in wenig Wasser oder über Dampf gart.

Romanesco-Radieschen-Salat

vegan

Die Sonnenblumenkerne in einer Pfanne ohne Fett unter Rühren rösten, beiseitestellen. Den Romanesco in Röschen teilen, in kochendem Salzwasser 3–4 Minuten blanchieren, herausnehmen und abtropfen lassen. Das Öl erhitzen und die Romanescoröschen darin unter Rühren 5 Minuten dünsten. Mit Salz und Pfeffer würzen.

Radieschen putzen und vierteln oder in Scheibchen schneiden. Zitronensaft, Orangensaft und Öl verrühren, mit Salz, Pfeffer und Zucker würzen. Romanesco mit Radieschen auf einer Platte verteilen, mit dem Dressing beträufeln, die Sonnenblumenkerne und die Rosinen darüberstreuen.

vegetarisch

Variante: **Brokkoli-Radieschen-Salat**

Anstelle von Romanesco Brokkoliröschen verwenden und die Soße mit 1 EL saurer Sahne und frisch gepresstem Orangensaft zubereiten.

4 EL Sonnenblumenkerne

500 g Romanescoröschen

2 EL Olivenöl

Salz, Pfeffer

1 Bund Radieschen

2 EL Zitronensaft

100 ml Orangensaft

2 EL Olivenöl

Pfeffer

1 Msp. Zucker

2–3 EL Rosinen, in etwas Wasser eingeweicht

Blumenkohl-Brokkoli-Suppe

vegetarisch

Den Blumenkohl putzen, waschen, die Röschen ablösen und den Stiel in Stücke schneiden. Die Brühe aufkochen lassen, Blumenkohl hineingeben und zugedeckt bei Mittelhitze 15–20 Minuten köcheln lassen. In einem kleinen Topf das Wasser zum Kochen bringen, salzen, die Brokkoliröschen offen etwa 4–5 Minuten bissfest kochen und abgießen. Den Blumenkohl in der Brühe pürieren, die saure Sahne einrühren und mit Salz und Pfeffer, Zitronensaft und Zucker herzhaft würzen. Zum Schluss die Brokkoliröschen in die Suppe geben.

Tipp: Wer mag, kann die Suppe mit reifem Camembert verfeinern.

1 Blumenkohl (ca. 800 g)

750 ml Gemüsebrühe (siehe Rezept Seite 14)

200 g Brokkoliröschen

Salz, Pfeffer

250 ml Wasser

2 EL saure Sahne

1 Spitzer Zitronensaft

1 Msp. Zucker

Blumenkohl mit Bröselbutter

1 Blumenkohl (ca. 1,5 kg)

100 g Butter

3–4 EL Semmelbrösel

Salz, Pfeffer

1–2 EL Petersilie, gehackt

vegetarisch

Den Blumenkohl putzen und im Ganzen in kochendem Salzwasser etwa 10–15 Minuten garen. Die Butter in einer Pfanne zerlassen, Semmelbrösel darin goldbraun braten, salzen, pfeffern, mit gehackter Petersilie vermengen und alles über den gekochten Blumenkohl geben.

vegetarisch

Variante: Blumenkohl mit Maissoße

Eine kleine Dose Maiskörner abtropfen lassen und mit etwas Milch zu einer dicklichen Soße pürieren. In einem Topf erhitzen, mit Salz, Pfeffer und etwas Paprikapulver würzen und zum Blumenkohl servieren.

vegan

Variante: Blumenkohl mit warmer Vinaigrette

4 EL Olivenöl erhitzen, 3 Knoblauchzehen hineinpressen und unter Rühren 2 Minuten dünsten. Gehackte Petersilie hinzufügen. 3 EL Rotwein mit 4 EL Rotweinessig, Salz und Pfeffer verrühren und eine weitere Minute köcheln lassen. Über den Blumenkohl gießen und servieren.

Passt zu gebratenem oder gekochtem Fleisch, zu kross gebratenem Fisch, aber auch als vegetarische Beilage zu Salzkartoffeln.

Gebackener Blumenkohl

vegetarisch

Blumenkohl putzen, waschen und in Röschen teilen. In kochendem Salzwasser etwa 10 Minuten garen, mit einer Schöpfkelle herausheben und gut abtropfen lassen. Die Eier mit Salz, Pfeffer und Muskat verquirlen. Blumenkohlröschen hintereinander in Mehl, Eiern und Bröseln wenden und portionsweise in heißem Öl von allen Seiten goldbraun ausbacken. Auf Küchenpapier abtropfen lassen.

Man kann die gebackenen Blumenkohlröschen „natur“ verzehren oder dazu als Dip Kräuter-Mayonnaise oder grüne Soße reichen.

1 Blumenkohl (ca. 1 kg)

3 Eier

Salz, weißer Pfeffer

1 Msp. Muskatblüte, gemahlen (ersatzweise Muskatnuss)

5 EL Mehl

130 g Semmelbrösel

reichlich Pflanzenöl zum Ausbacken

Variante: Mit Gewürzjoghurt

300 ml Joghurt, 1 TL Zitronensaft, 2 TL Currypulver und ½ TL Kreuzkümmel verrühren. 50 g blanchierte Mandeln (oder Cashewkerne) grob hacken und mit 2 EL gehackten Petersilienblättchen mischen, salzen und pfeffern.

Variante: Mit Radieschen-Vinaigrette

8 Radieschen und 60 g geräucherten Bauchspeck fein würfeln, Öl mit Apfel- oder Weißweinessig mischen, Schnittlauchröllchen unterheben, salzen und pfeffern. Gut ist auch die Kombination mit Scheibchen von scharfen Merguez-Würstchen (oder ersatzweise spanischer Chorizo-Wurst), frischen gewürfelten Datteln und abgezupften Korianderblättchen. Alles mischen, ebenfalls salzen und pfeffern.

Gerösteter Blumenkohl

Für 4–6 Personen

1 kg Blumenkohlröschen

45 g Rosinen

30 g Pinienkerne

30 g Kapern, abgetropft

Salz, Pfeffer

3–4 EL Olivenöl

1 Chilischote, getrocknet

Den Blumenkohl in 2 cm große Röschen teilen. Die Rosinen in lauwarmem Wasser einweichen, die Pinienkerne in einer Pfanne ohne Fett unter Wenden goldbraun rösten.

Den Backofen mit dem Backblech auf 200 °C vorheizen. Die Blumenkohlröschen mit Salz, Pfeffer und Olivenöl mischen und auf der 2. Einschubleiste von unten 20–25 Minuten rösten, dabei 2 Mal wenden. Mit Rosinen, Pinienkernen und Kapern mischen, die Chilischote darüber zerbröseln und servieren.

Tipp: Passt gut zu gebratenem Fisch- oder Schweinefilet. Vegetarier und Veganer reichen dazu Polenta oder Risotto.

vegan, low carb

Pikantes süßsaures Kohlgemüse

vegan

300 g Weißkohl

300 g Blumenkohl

300 g Rosenkohl

300 g Bohnen, grün

1 Paprikaschote, rot

2 Zwiebeln

50 g Ingwer

3 EL Samenöl

Salz

1–2 TL Kurkumapulver

100 ml Weißweinessig

200 ml Wasser

2–3 EL Zucker, braun

2–4 Chilischoten, getrocknet

Das Gemüse putzen, waschen und in Streifen schneiden bzw. in kleine Röschen teilen, Rosenkohl halbieren, Zwiebeln schälen und grob würfeln. Ingwer schälen und in feine Scheibchen schneiden.

Das Öl in einem Topf erhitzen, Zwiebeln und Ingwer darin anschwitzen. Die Gemüsesorten nacheinander einige Minuten mitbraten, und zwar zuerst die Bohnen, dann Rosen- und Blumenkohl und schließlich Weißkohl und Paprikaschoten. Mit Salz und Kurkuma kräftig würzen und eine weitere Minute rühren. Den Essig mit 200 ml Wasser verdünnen und zum Gemüse geben. Zucker und Chilischoten hinzufügen und alles geschlossen auf kleiner Flamme 10 Minuten nicht zu weich garen.

Dazu passt Basmatireis.

Gratinierter Blumenkohl mit Tomaten und Basilikum

vegetarisch

Den Blumenkohl putzen und in Röschen teilen. In kochendem Salzwasser etwa 3 Minuten blanchieren, abgießen und abtropfen lassen. Die Tomaten mit kochendem Wasser überbrühen, häuten, Kerne entfernen und das Tomatenfleisch würfeln.

Knoblauch schälen, die Basilikumblätter fein schneiden, Oreganoblättchen von den Stielen streifen. Kräuter mit Öl und Parmesankäse vermischen, den Knoblauch pressen und zur Kräutermischung geben, mit Salz und Pfeffer abschmecken. Die Sonnenblumenkerne in einer trockenen Pfanne unter Rühren rösten.

Eine Auflaufform ausfetten und abwechselnd Blumenkohl, Tomaten und Kräuterpaste einfüllen. Die Sonnenblumenkerne darüber streuen. Den Auflauf bei 180 °C etwa 45 Minuten garen.

1 Blumenkohl (ca. 800 g)

400 g Tomaten

2 Knoblauchzehen

2 Bund Basilikum

1 Bund Oregano (ersatzweise 2 TL getrockneter)

50 ml Olivenöl

100 g Parmesankäse

Salz, Pfeffer

100 g Sonnenblumenkerne (ersatzweise Pignoli)

Überbackener Kürbis mit Blumenkohl und Rosenkohl

1 Kürbis (ca. 1 kg)

1 Zwiebel

3 EL Olivenöl

2 EL Paprikapulver, edelsüß

1–2 Msp. Paprikapulver, scharf (Cayennepfeffer)

250 g Blumenkohl geputzt

250 g Rosenkohl (geputzt)

Salz, Pfeffer

500 g Tomaten, geschält (eventuell Dose)

2 Knoblauchzehen

4 Salbeiblätter

250 ml Gemüsebrühe (siehe Rezept Seite 14)

200 g Toastbrot (eventuell Vollkorn)

180 g Cheddar, geraspelt (ersatzweise Parmesankäse)

Frisches Baguette

Kürbis halbieren, entkernen, schälen und in mundgerechte Stücke schneiden. Die Zwiebel fein würfeln und in einem ofenfesten Topf im Öl bei Mittelhitze hellbraun braten. Kürbiswürfel hinzufügen und 3 Minuten unter Rühren mitbraten. Mit beiden Paprikasorten würzen. Blumenkohl und Rosenkohl hinzufügen und kurz mitbraten, salzen und pfeffern. Die Tomaten dazugeben, den Knoblauch dazupressen und umrühren. Die Salbeiblätter hinzufügen, die Brühe angießen. Das Gemüse sollte knapp bedeckt sein. Zugedeckt 30–40 Minuten bei Mittelhitze schmoren lassen.

Den Toast im Blitzhacker mit dem Käse mischen, auf das Gemüse streuen. Im vorgeheizten Backofen bei 200 °C etwa 15 Minuten goldbraun überbacken.

Mit frischem Baguette servieren.

vegetarisch

Blumenkohl-Mandel-Tarte mit Wirsing

vegetarisch, low carb

Für den Boden den Blumenkohl putzen, waschen und in Röschen teilen, dann grob schneiden und im Blitzhacker portionsweise krümelig zerkleinern. In eine Schüssel füllen und mit Mandeln, Eiern und Parmesankäse zu einem weichen Teig vermengen. Kräftig mit Salz und Pfeffer würzen.

Für den Belag die Wirsingblätter in 2–3 cm große Stücke schneiden. Mit Olivenöl, Salz und Chilischote mischen. Die Tomaten in dünne Scheibchen schneiden, den Mozzarella würfeln.

Ein Backblech mit Backpapier auskleiden und mit dem Blumenkohlteig belegen. Das geht am besten mit einem großen Löffel oder mit einer Palette. Im vorgeheizten Backofen bei 200 °C 30 Minuten vorbacken. Dann die Wirsingstücke, die Tomatenscheiben, die Oliven und den Mozzarella darauf verteilen und weitere 20–25 Minuten garen.

Tipp: Wie bei einer Pizza, kann der Belag natürlich ganz nach Geschmack variieren.

Für ein Backblech:

1 Blumenkohl (ca. 1 kg)

150 g Mandeln, geschält und gemahlen

4 Eier

60 g Parmesankäse, gerieben

Salz, Pfeffer

200 g Wirsing

2 EL Olivenöl

1 Chilischote, sehr klein geschnitten

100 g Tomaten

250 g Mozzarella

3 EL Oliven, schwarz, entsteint (z. B. olive taggiasche)

Blumenkohlragout mit Mango

vegan

1 Blumenkohl (ca. 1,2 kg)

200 g Erbsen

3 Zwiebeln

1 Stück Ingwer (ca. 20 g)

3 Knoblauchzehen

3 EL Senfkörner

2–3 EL Samenöl

1 Chilischote, frisch, rot (10 cm lang)

2 EL Garam Masala (ersatzweise Currypulver)

400 ml Gemüsebrühe (siehe Rezept Seite 14)

1 Mango

Salz

Koriandergrün

Blumenkohl putzen, waschen und in kleine Röschen teilen. Tiefgekühlte Erbsen auftauen lassen, Dosenerbsen abtropfen lassen. Die Zwiebeln halbieren, vierteln und in schmale Streifen schneiden, Ingwer schälen und fein hacken, Knoblauch schälen.

In einer trockenen Pfanne die Senfkörner unter Rühren rösten, bis sie duften. Öl, Zwiebeln und Ingwer hinzufügen und alles unter Rühren bei Mittelhitze rösten. Den Knoblauch dazupressen. Die Chilischote entkernen, in Ringe schneiden und mitrösten. Blumenkohlröschen und Erbsen in die Pfanne geben, Garam Masala hinzufügen und eine weitere Minute rühren. Die Gemüsebrühe angießen und alles zugedeckt bei milder Hitze etwa 15 Minuten köcheln lassen.

Die Mango schälen, das Fruchtfleisch vom Stein schneiden und würfeln. Mangowürfel zum Blumenkohl geben und untermischen. Mit Salz abschmecken und mit grob gehacktem Koriandergrün bestreuen. Mit Basmatireis servieren.

Tipp: Im Winter gibt es selten frische Erbsenschoten, also müssen Sie auf tiefgekühlte Erbsen oder Erbsen aus der Dose zurückgreifen.

Brokkoli

Das leuchtend grüne, dekorative, auch Spargelkohl genannte Gemüse wird in ganz Europa angebaut und erfreut sich einer ständig steigenden Nachfrage. Brokkoli ist botanisch ein naher Verwandter des Blumenkohls, auch bei ihm besteht der Kopf aus noch nicht entwickelten Blütenständen. Seine grün bis bläulich schimmernden Blütenknospen sitzen auf fleischigen Stielen und zahlreichen Seitentrieben. Die Blätter spielen kulinarisch keine Rolle.

Brokkoli präsentiert sich nicht nur in Grün, aber die Spielarten in anderen Farben gibt es seltener im Handel. Violette, gelbe und weiße Brokkolisorten sorgen hauptsächlich für optische Abwechslung. Brokkoli besitzt im Vergleich zu Blumenkohl deutlich mehr Vitamin C und Carotin. Vom Geschmack her hingegen ähnelt er wieder mehr seinem weißköpfigen Verwandten. In Stängel und Röschen geteilt, lässt er sich gut über Dampf oder in wenig Wasser oder Brühe garen. Die Röschen haben eine kürzere Garzeit und kommen deshalb erst nach den (geschälten) Stielen in den Topf. Er darf keinesfalls zu lange in heißem Wasser liegen, denn dann wird er wie Rosenkohl unansehnlich grau.

Beim Einkauf deuten geschlossene Blütenknospen, feste Stiele und Blätter auf frische Ware hin. Im Gemüsefach des Kühlschranks hält er sich 2 Tage, danach gehen die wertvollen Vitamin- und Mineralstoffe verloren.

Brokkoli ist wie alle Kohlsorten ein äußerst vielseitiges Gemüse. Er macht sich gut in Aufläufen, Suppen und Eintöpfen sowie als zarte Beilage. Als Rohkost eignet er sich nicht.

Nudelauflauf mit Brokkoli

vegetarisch

Nudeln nach Packungsanweisung in Salzwasser bissfest garen und abgießen. Mit dem Olivenöl vermischen.

Brokkoli putzen, in Stiele und Röschen teilen und in Salzwasser etwa 2 Minuten blanchieren. Abgießen.

Die Tomaten mit kochendem Wasser überbrühen, häuten, das Innere herauskratzen und das Tomatenfleisch würfeln. Die Eier trennen. Eigelbe mit saurer Sahne mischen, mit Salz, Pfeffer und Muskat würzen. Eiweiß steif schlagen und unter die saure Sahne heben. Brokkoli mit Nudeln, Tomaten und Petersilie mischen, mit Salz und Pfeffer abschmecken.

In eine ofenfeste Form geben, die Eiermischung darüber gießen, den Käse darüber streuen und bei 180 °C etwa 45 Minuten goldbraun überbacken.

200 g Nudeln (z. B. penne rigate)

1 EL Olivenöl

600 g Brokkoli

2 Tomaten

4 Eier

250 g saure Sahne

Salz, Pfeffer

1 Msp. Muskat

1 Bund Petersilie, fein geschnitten

100 g Käse, gerieben (Bergkäse oder Parmesan)

Variante: Spaghetti mit Brokkoli

Dafür Brokkoli und Weißkohlstreifen (beides blanchiert) mit einer frischen roten Chilischote in Öl dünsten, mit halbierten gedünsteten Kirschtomaten, gekochten Spaghetti und etwas Kochwasser vermischen und einkochen lassen. Kalte Butterflöckchen einrühren, alles mit gerösteten Pinienkernen und nach Geschmack mit geriebenem Parmesankäse bestreuen.

Risotto mit Brokkoli

vegetarisch

1 Zwiebel

1 Knoblauchzehe

3 EL Olivenöl

400 g Risottoreis (Vialone oder Carnaroli)

200 ml Weißwein

1 l Gemüsebrühe (siehe Rezept Seite 14)

600 g Brokkoli

150 g Erbsen

2 EL Kapern, fein

Salz, Pfeffer

50 g Butter

80 g Parmesankäse, gerieben

Petersilie

Die Zwiebel fein würfeln, Knoblauch schälen. Das Öl in einem Topf erhitzen und Zwiebelwürfel darin hellgelb anschwitzen, den Knoblauch dazupressen und kurz mitbraten. Den Reis einstreuen, eine Minute rühren, mit Wein ablöschen. Nach und nach die heiße Brühe angießen, dabei immer wieder rühren.

Brokkoli putzen und in kleine Röschen teilen, den Stiel schälen und in feine Scheibchen schneiden. In Salzwasser 5 Minuten vorgaren, abgießen. 10 Minuten vor Ende der Garzeit zum Risotto geben.

Kurz vor Ende der Garzeit Erbsen und Kapern hinzufügen. Salzen, pfeffern und die Butter unterrühren. Zugedeckt 1 Minute ruhen lassen. Mit Parmesankäse und Petersilie bestreuen und servieren.

Basiswissen

Brokkoli besitzt im Vergleich zu Blumenkohl deutlich mehr Vitamin C und Carotin.

Linguine mit Brokkoli und Tomaten

vegetarisch

Brokkoli in Röschen und Stiele teilen, Stiele schälen und in Scheibchen schneiden. Stiele und Röschen in Salzwasser 3 Minuten bissfest garen. Die Linguine nach Packungsanleitung im Brokkoliwasser bissfest kochen, gut abtropfen lassen.

Das Öl erhitzen, die Butter hinzufügen und die Nudeln darin schwenken. Brokkoli, halbierte Tomaten und Majoran untermischen und kurz garen. Mit Salz und Pfeffer würzen und mit Pecorino bestreuen.

Variante: Anstelle von frischen Tomaten kann man auch getrocknete, in Öl eingelegte Tomaten verwenden.

700 g Brokkoli

400 g Linguine

8 EL Olivenöl

30 g Butter

250 g Kirschtomaten

1–2 TL Majoran, getrocknet

Salz, Pfeffer

80–100 g Pecorino, gerieben

Brokkoli-Pizza

vegetarisch, low carb

Brokkoli waschen, in Stiele und Röschen teilen, die Stiele schälen und in 0,5 cm dicke Scheiben schneiden. Brokkoli portionsweise im Blitzhacker krümelig zerkleinern. Mit Mandeln und Eiern vermischen, salzen, pfeffern und zu einem festen Teig verarbeiten. Auf einem mit Backpapier ausgelegten Backblech ausstreichen.

Die Tomaten waschen und in Scheiben schneiden, Mozzarella würfeln. Tomatenscheiben und Mozzarella auf dem Brokkoli-Boden verteilen, mit Oregano bestreuen.

Im vorgeheizten Backofen bei 200 °C etwa 30 Minuten backen.

Für ein Backblech:

1 kg Brokkoli

150 g Mandeln, geschält und gemahlen

4 Eier

Salz, Pfeffer

350 g Kirschtomaten

300 g Mozzarella

1–2 TL Oregano, getrocknet

Brokkoli-Chicorée-Gratin

vegetarisch

350 g Brokkoli

3–4 Chicorée-Stauden

1 Zwiebel

30 g Butter

1 Knoblauchzehe

40 g Semmelbrösel

50 g Haselnüsse, grob gehackt

Salz, Pfeffer

150 g Gorgonzola

Petersilie

Den Brokkoli putzen, waschen und in Stiele und Röschen teilen. Die Stiele schälen und in Scheiben schneiden. Den Chicorée längs halbieren, den Strunk keilförmig herausschneiden. In einem Topf Salzwasser aufkochen lassen und den Chicorée darin 3–4 Minuten offen kochen lassen. Mit einem Schaumlöffel herausheben und abtropfen lassen.

Zunächst die Brokkolistiele im gleichen Wasser 5 Minuten bissfest garen, dann die Röschen hinzufügen und weitere 2 Minuten garen. Herausnehmen und unter kaltem Wasser abschrecken.

Die Zwiebel fein würfeln Von der Butter 1 EL abnehmen und die Zwiebelwürfel darin hellgelb dünsten und den Knoblauch dazupressen. Semmelbrösel und Haselnüsse hinzufügen und eine Minute mitbraten. Mit Salz und Pfeffer würzen.

Eine feuerfeste Form ausfetten, Brokkoli und Chicorée hineinlegen. Den Gorgonzola in kleine Stückchen schneiden und darüberstreuen. Die Haselnuss-Mischung auf dem Gemüse verteilen.

Im vorgeheizten Backofen bei 200 °C etwa 20–25 Minuten goldbraun backen. Vor dem Servieren mit Petersilie bestreuen.

Basiswissen

Beim Zubereiten behält Brokkoli Vitamine und Nährstoffe am besten, wenn er in wenig Wasser oder über Dampf gart.

Lachscurry mit Brokkoli

500 g Brokkoli

2 Zwiebeln

60 g Ingwer

4 Knoblauchzehen

2 EL Samenöl

2–4 EL Currypaste, grün (Asialaden)

6 Kaffirlimettenblätter (Asialaden)

600 ml Kokosmilch, ungesüßt

600 g Lachsfilet

2–3 EL Limettensaft

4 EL Sojasoße

Einige Spritzer Thai-Fischsoße

1 Bund Koriandergrün

Den Brokkoli putzen, in Röschen und Stiele teilen, die Stiele schälen und in Scheibchen schneiden. In kochendem Salzwasser 2–3 Minuten blanchieren, herausnehmen und abtropfen lassen. Zwiebeln und Ingwer fein würfeln, Knoblauch schälen. Das Öl in einer Pfanne erhitzen, Zwiebel- und Ingwerwürfel unter Rühren 2 Minuten braten, Knoblauch dazupressen und kurz mitbraten. Die Currypaste einrühren. Die Kaffirlimettenblätter hinzufügen, mit Kokosmilch aufgießen, den Brokkoli hinzufügen und alles zugedeckt bei milder Hitze 10 Minuten köcheln lassen.

Den Lachs in mundgerechte Stücke schneiden und in die Pfanne geben. Mit Soja- und Fischsoße würzen und weitere 3–4 Minuten garen. Mit Koriandergrün garnieren.

Dazu passt Reis.

Tipp: Wer keine Currypaste bekommt, kann sich auch mit frischen, grünen Chilischoten und Currypulver behelfen. Die Kaffirlimettenblätter sowie die Fischsoße sind jedoch unersetzbar.

Chinakohl

Unschwer zu erraten, woher dieser längliche Kohlkopf mit leichter Dauerwelle kommt – aus China nämlich, wo er schon seit dem 5. Jahrhundert angebaut und zubereitet wird. Über Japan und Korea fand der mild schmeckende Kohl dann seinen Weg nach Europa, wohin ihn Missionare im 18. Jahrhundert brachten. Chinakohl ist eine Züchtung aus Senfkohl (Pak Choi) und Rübe. Typische Kennzeichen sind seine längliche Form und die Färbung der Blätter mit einem Farbverlauf von Grün bis Weiß. Der Durchmesser eines Chinakohls kann bei einer Länge bis zu einem halben Meter bis zu 20 cm betragen.

Wie alle Kohlsorten ist auch der Chinakohl gesund und kalorienarm, dabei mild im Geschmack. Dazu kommt sein vergleichsweise hoher Anteil an Vitamin C, gepaart mit Kalzium, Kalium und Folsäure. Ein Merkmal des Chinakohls ist auch seine gute Verträglichkeit. Wer zum Beispiel nach dem Genuss anderer Kohlarten mit Magenproblemen oder Blähungen zu kämpfen hat, kann sich Chinakohl unbesorgt schmecken lassen.

Beim Einkauf von Chinakohl ist darauf zu achten, dass die Blätter knackig-frisch sind und nicht etwa schlapp herunterhängen. Er ist auch nicht so lange haltbar wie seine rot- oder weißköpfigen Verwandten, sondern sollte nicht länger als 4–5 Tage im Gemüsefach des Kühlschranks aufbewahrt werden. Chinakohl lässt sich kurz blanchiert auch gut einfrieren.

Vor der Zubereitung halbiert man den Kohl und schneidet den Strunk keilförmig heraus. Dann können die Blätter beliebig in Streifen oder Stücke geschnitten werden. Ganze Blätter eignen sich auch gut für Rouladen. Auch dann müssen sie vorher kurz in kochendem Wasser blanchiert werden. Im Unterschied zu Weißkohl, Wirsing & Co. sind die Mittelrippen des Chinakohls so zart, dass sie nicht herausgeschnitten oder flachgeklopft werden müssen. Seine chinesische Herkunft macht ihn natürlich zu einem idealen Baustein fernöstlicher Gerichte, sei es in Suppen, als Gemüsebeilage oder im Wok. Dank seines milden und anpassungsfähigen Geschmacks harmoniert er sowohl mit deftigen Partnern wie etwa Pilzen, Paprikaschoten oder Kapern als auch mit Zitrusfrüchten oder Avocados. Da seine Blätter nicht so rasch welken, ist er ein idealer Salat-Kohl, den man gut im Voraus marinieren kann. Sogar in süße Salate passt er dank seines nicht sehr ausgeprägten Eigengeschmacks ausgezeichnet.

Chinakohlsalat mit Avocados

vegan

Falls nötig, die äußeren Blätter vom Chinakohl entfernen. Längs halbieren, den Strunk herausschneiden und die Blätter in mundgerechte Stücke schneiden. Die Tomaten vom Strunk befreien und halbieren. Paprikaschote halbieren, entkernen und in Streifen schneiden. Die Zwiebel fein würfeln. Das Gemüse mit Oliven und Kapern bzw. Kapernäpfeln mischen.

Öl und Zitronensaft verrühren, zuckern, salzen und pfeffern. Die Avocados längs halbieren, die Steine entfernen, das Fruchtfleisch aus den Schalen lösen und in Scheiben schneiden. Auf dem Salat verteilen und die Soße drüberträufeln. Mit fein geschnittener Petersilie bestreuen.

1 Chinakohl (ca. 600 g)

250 g Kirschtomaten

1 Paprikaschote, gelb

1 Zwiebel

70 g Oliven, grün und entkernt

30 g Kapern oder Kapernäpfel

5 EL Olivenöl

2–3 EL Zitronensaft

1 Msp. Zucker

Salz, Pfeffer

2 Avocados

Petersilie

Eingelegter Chinakohl (Kim-chi)

low carb

1 Chinakohl (ca. 1,5 kg)

60 g Salz

20 g Pilze, chinesisch, getrocknet (Tongu)

je 2 Chilischoten, frisch, grün und rot

50 g Ingwer

1 Bund Frühlingszwiebeln

3 Sardellen, in Öl eingelegt

8 Knoblauchzehen

100 ml Fischsoße

Den Kohl längs halbieren und vierteln. Das Salz in etwa 150 ml warmem Wasser auflösen und in einer Schüssel mit den Kohlblättern vermischen. Über Nacht stehen lassen.

Pilze einweichen, von den Stielen befreien und klein schneiden. Die Chilischoten entkernen und in feine Ringe schneiden, Ingwer schälen und fein würfeln oder reiben. Die Frühlingszwiebeln in feine Ringe schneiden. Die Sardellen hacken.

Pilze, Chilischoten, Ingwer, Frühlingszwiebeln und Sardellen mischen, den Knoblauch schälen und dazupressen. Alles mit der Fischsoße verrühren. Die Kohlblätter aus der Salzlake nehmen, abspülen. Kohlblätter abwechselnd mit der Würzmischung in einen Steinguttopf schichten und gut zusammendrücken. Zuoberst sollten Kohlblätter liegen. Einen Teller direkt auf die Kohlblätter legen, mit einem Stein beschweren und 3–5 Tage ruhen lassen. Die Kohlstücke aus der Lake nehmen und quer in Scheiben schneiden.

Tipp: Zu gegrilltem oder gebratenem Fleisch oder Fisch mit Basmatireis servieren.

Chinakohl mit Putengeschnetzeltem

Putenbrust putzen und schnetzeln. Ingwer schälen und sehr fein würfeln oder reiben, Zwiebel fein würfeln, Knoblauch schälen. Chinakohl längs halbieren, den Strunk keilförmig herausschneiden und die Kohlblätter in mundgerechte Stücke schneiden.

Das Öl erhitzen und das Putenfleisch darin bei großer Hitze von allen Seiten goldbraun braten. Herausnehmen und beiseitestellen.

Im restlichen Öl Ingwer und Zwiebel 3–4 Minuten unter Rühren anbraten. Chinakohlstücke hinzufügen und eine weitere Minute rühren. Das Fleisch wieder in die Pfanne geben, den Knoblauch dazupressen, salzen und pfeffern. Alles gut vermischen. Orangensaft, Hühnerbrühe und Sojasoße hinzufügen und noch einige Minuten zugedeckt garen.

Dazu passt Langkorn- oder Basmatireis.

600 g Putenbrust

40 g Ingwer

1 Zwiebel

3–4 Knoblauchzehen

1 Chinakohl

3–4 EL Samenöl

Salz, Pfeffer

Saft einer Orange

125 ml Hühnerbrühe

5–6 EL Sojasoße

Basiswissen

Chinakohl hat einen hohen Anteil an Vitamin C, gepaart mit Kalzium, Kalium und Folsäure.

Chinakohlpfanne mit Fischfilet

Die Kartoffeln schälen, waschen und würfeln. Die Zwiebel schälen und fein würfeln, den Lauch putzen, waschen und in dünne Scheiben schneiden. 20 g Butter in einer Pfanne zerlassen und Kartoffeln, Zwiebeln und Lauch unter Rühren 3–4 Minuten dünsten. Brühe und Sahne angießen, salzen, pfeffern und alles zugedeckt bei Mittelhitze 10 Minuten garen.

Den Chinakohl putzen und in mundgerechte Stücke schneiden. Das Fischfilet ebenfalls in mundgerechte Stücke schneiden. In der restlichen Butter von beiden Seiten 2–3 Minuten braten. Zitronensaft und Senf unter die Kartoffeln rühren, Chinakohl hinzufügen und weitere 3–4 Minuten garen. Mit Worcestershiresauce abschmecken. Die Fischstücke unter das Gemüse mischen. Mit Petersilie und Dill bestreuen und servieren.

750 g Kartoffeln

1 Zwiebel

1 Lauchstange, klein

60 g Butter

250 ml Gemüsebrühe (siehe Rezept Seite 14)

200 ml Sahne

Salz, Pfeffer

1 Chinakohl (ca. 650 g)

650 g Fischfilet (Rotbarsch oder Kabeljau)

1 EL Zitronensaft

2 EL Senf

1 TL Worcestershiresauce

3–4 EL Petersilie, gehackt

3–4 EL Dill, fein geschnitten

Basiswissen

Wer zum Beispiel nach dem Genuss anderer Kohlarten mit Magenproblemen oder Blähungen zu kämpfen hat, kann sich Chinakohl unbesorgt schmecken lassen.

Chinakohl-Obstsalat

vegetarisch

250 g Chinakohl (geputzt)

1 Apfel (z. B. Granny Smith)

1 Banane, klein

1 Orange

120 g Walnüsse

3–4 EL Joghurt

2–3 EL Sahne

1 EL Zitronensaft

Zucker nach Geschmack

Den Chinakohl in feine Streifen schneiden. Den Apfel waschen, halbieren, vierteln, Kerngehäuse entfernen und den Apfel mit der Schale ebenfalls in feine Streifen schneiden.

Die Banane schälen, längs halbieren und in kleine Stücke schneiden. Die Orange dick abschälen, dabei auch das Weiße entfernen. Die Filets von den Trennhäuten befreien und klein schneiden. Die Walnüsse in einer trockenen Pfanne leicht rösten, dann grob hacken.

Joghurt mit Sahne, Zitronensaft und eventuell Zucker verrühren. Alles gut mischen und 10 Minuten bei Zimmertemperatur stehen lassen, vor dem Servieren noch einmal gut durchrühren.

Variante: Anstelle von Walnüssen kann man Hasel- oder Cashewnüsse verwenden. Exotischer wird der Obstsalat, wenn man etwas Madras-Currypulver darüber streut.

Grünkohl

Die Heimat der „Oldenburger Palme“, wie der deftige Grünkohl scherzhaft genannt wird, ist eigentlich der östliche Mittelmeerraum. Heute wird Grünkohl vorwiegend in Norddeutschland, Holland und Skandinavien gegessen, macht sich aber so langsam auch in südlicheren Gefilden Freunde. „Grünkohl und Pinkel“ klingt für viele Ohren sicher befremdlich oder sogar unappetitlich. Dabei handelt es sich beim „Pinkel“ um eine ganz einfache, deftig gewürzte geräucherte Bremer Wurst, die fantastisch zu Grünkohl passt. Grünkohl wird auch Braun- oder Krauskohl genannt. Er hat den höchsten Kohlenhydrat- und Eiweißgehalt aller Kohlarten. Es gibt ihn in verschiedenen Strunkhöhen: niedrig, halbhoch und hoch wachsend. Letzterer ist besonders in Portugal und Brasilien beliebt. Auch Blätter und Farbe variieren oft. Im Geschmack unterscheiden sich die einzelnen Sorten aber nicht.

Nördlich des „Weißwurst-Äquators“, und hier ganz besonders im Rheinland, in Westfalen und in ganz Norddeutschland ist der Grünkohl in der kalten Jahreszeit ein stets wiederkehrender Gast auf den Tellern. Man sagt, er braucht ein paar Tage Frost, um seinen Geschmack besser ausbilden zu können – bewiesen ist das nicht. Tatsache ist, dass sich in der Kälte ein Teil der Stärke in Zucker verwandelt und so dem Grünkohl seine Herbe nimmt.

Sogar in Äthiopien und der Karibik kochen die Menschen mit Grünkohl. Er muss auch nicht unbedingt lange kochen, denn sogar roh im Smoothie entfaltet er seine ganze gesunde Kraft. In den USA grassiert gerade ein wahres „kale chips“-Fieber: Die im Backofen kross gebackenen Grünkohlblätter sind eine vitaminreiche und vor allem kalorienarme Variante zu Kartoffelchips (Rezept Seite 54).

Im Grunde genommen wird der Grünkohl im hohen Norden nicht anders zubereitet als in den Alpen die „Schlachtplatte“ mit Sauerkraut, geräuchertem und gepökeltem Fleisch, Würsten und Speck.

Man kann Grünkohl aber auch nur etwa 5 Minuten blanchieren und dann mit Knoblauch, Zwiebeln und Chilischoten kurz in Olivenöl dünsten. Dazu passen knusprig gebratene Schweinswürstchen *(salsicce)* – so gibt sich der deftig-deutsche Eintopf einen italienischen Anstrich.

Grünkohlsaft

vegan

Alle Zutaten gut miteinander mixen, nach Belieben mit Wasser verdünnen.

Varianten: Hier sind der Fantasie keine Grenzen gesetzt. Folgende Kombinationen schmecken gut und sind gesund:
Grünkohl – Apfel – Ingwer – Banane
Brokkoli – Kokosmilch – Vanillezucker
Rosenkohl – Banane – Zitronensaft
Grünkohl – Gurke – Karotte – Feldsalat – Apfel – Ingwer (weniger süß)
Speiserübe – Karotte – Apfelessig – Honig

4–5 Grünkohlblätter (gewaschen, ohne dicke Mittelrippen)

1 Kaki, Fruchtfleisch

1 Banane, geschält

1 Mango, Fruchtfleisch

etwas Zitronenschale, abgerieben

Grünkohlchips

vegan

Die Grünkohlblätter in mundgerechte Stücke schneiden und mit Salz, Pfeffer, Chili- und Paprikapulver und Ahornsirup und Öl gut vermischen.

Auf ein Backblech mit Backpapier geben und im vorgeheizten Backofen bei 220° C in etwa 6 Minuten knusprig backen. Dabei zweimal gut durchmischen. Herausnehmen und abkühlen lassen.

Variante: anstelle von Grünkohl Wirsingblätter verwenden

250 g Grünkohl (nur die Blätter)

Salz, Pfeffer

½ TL Chilipulver

½ TL Paprikapulver, edelsüß

1 EL Ahornsirup

3–4 EL Samenöl

Basiswissen

Grünkohlchips sind eine vitaminreiche und vor allem kalorienarme Variante zu Kartoffelchips.

Grünkohlsuppe mit Nudeln und Birnen

vegetarisch

Den Grünkohl putzen, von den harten Stielen befreien, in kochendem Salzwasser 4 Minuten kochen, abgießen und in feine Streifen schneiden.

Die Birnen schälen, entkernen und in Spalten schneiden. Die Birnen in der Butter bei milder Hitze von beiden Seiten 2–3 Minuten braten.

Die Zwiebel fein würfeln. Das Öl erhitzen und die Zwiebelwürfel hellgelb anschwitzen. Grünkohl hinzufügen, salzen und pfeffern und unter Rühren anbraten. Die Gemüsebrühe angießen, aufkochen und zugedeckt 30 Minuten köcheln lassen.

Die Nudeln nach Packungsanweisung bissfest garen. Die Karotten schälen, fein würfeln und nach 20 Minuten zur Suppe geben.

Zum Schluss die Birnenspalten und die Nudeln in den Topf geben. Mit Salz, Pfeffer und Senf abschmecken, nochmals kurz aufkochen und servieren.

500 g Grünkohl

1–2 Birnen (ca. 300 g)

2 EL Butter

1 Zwiebel

2 EL Samenöl

Salz, Pfeffer

1,5 l Gemüsebrühe (siehe Rezept Seite 14)

100 g Nudeln, kurz

100 g Karotten

2 EL Senf

Basiswissen

Hippokrates verschrieb gekochten Grünkohl bei Husten und Heiserkeit.

Grünkohlgemüse

750 g Grünkohl

1 Zwiebel

1 Knoblauchzehe

3 EL Samenöl

Salz, Pfeffer

Muskat

Sehr dicke Stiele vom Grünkohl abschneiden. Grünkohl in etwa 3×3 cm große Stücke schneiden und in kochendem Salzwasser 10 Minuten vorgaren. Abgießen, die Kochbrühe auffangen, den Grünkohl abtropfen lassen. vegan

Die Zwiebel fein würfeln, Knoblauch schälen. Das Öl in einem Topf erhitzen und die Zwiebelwürfel unter Rühren hellgelb anschwitzen. Den Knoblauch dazupressen und eine Minute mitbraten. Grünkohl in den Topf geben, umrühren und 150–200 ml der Kochbrühe angießen. Mit Salz, Pfeffer und Muskat würzen und zugedeckt 20–30 Minuten köcheln lassen.

Passt zu Salzkartoffeln und Kartoffelpüree; Fleischesser servieren das Gemüse zu Schweinskoteletts.

Variante: Curry-Grünkohl

Den Grünkohl wie oben vorbereiten. Zwiebel, Ingwer und Knoblauch in Öl anschwitzen, den Grünkohl dazugeben. Mit Salz, Pfeffer und Curry würzen, Kochbrühe dazugießen und zugedeckt garen. Einen Apfel schälen, vierteln und jedes Viertel in 3–4 Spalten schneiden. Zum Grünkohl geben und weitere 5 Minuten mitgaren. vegan

Dazu passt gebratenes Fischfilet. Als vegane Beilage eignen sich gebratene Kartoffel.

Variante: Grünkohl mit Granatapfelkernen und Walnüssen

Blanchierte Grünkohlblätter in Butter knapp gar dünsten, mit Salz, Pfeffer und Muskat würzen. Mit Granatapfelkernen und grob gehackten Walnüssen bestreuen. Passt zu Rinderfilets oder Rostbraten. vegetarisch

Grünkohl mit geräucherter Hauswurst

1 kg Grünkohl

1 Zwiebel

100 g Bauchspeck, geräuchert

2 EL Schweineschmalz

Salz, Pfeffer

1 TL Zucker

4 Würste, geräuchert

Den Grünkohl waschen, von den harten Stielen befreien und in kochendem Salzwasser 10 Minuten garen. Abgießen, 250 ml der Kochbrühe aufbewahren.

Zwiebel und Speck fein würfeln. Das Schmalz in einem großen Topf erhitzen und Zwiebel- und Speckwürfel darin unter Rühren goldbraun braten. Grünkohl in 2–3 cm große Stücke schneiden und hinzufügen. Umrühren, salzen und pfeffern. Den Zucker darüberstreuen und 2 Minuten mitbraten. Den Kochsud angießen, aufkochen und alles zugedeckt 45–50 Minuten garen. 15–20 Minuten vor Ende der Garzeit die Würste auf den Kohl legen und mitgaren, dabei einmal wenden.

Dazu passen Salzkartoffeln.

Varianten: Dieser deftige Eintopf ist ein „nördliches" Pendant zur Sauerkraut-Schlachtplatte.

Genauso kann man ihn auch zubereiten, nämlich mit verschiedenen geräucherten Wurst- und Fleischwaren wie Kassler, Eisbein oder Speck.

3–4 geschälte Kartoffeln in sehr kleine Würfel schneiden und diese 15 Minuten vor Ende der Garzeit zum Grünkohl geben.

Um den Eintopf sämiger zu machen, kann man 10 Minuten vor Ende der Garzeit 3–4 EL zarte Haferflocken zum Grünkohl geben.

Grünkohl-Muffins mit Äpfeln

vegetarisch

800 g Grünkohl

2–3 Äpfel, säuerlich

3 Eier, groß

150 g Zucker

1 Prise Salz

1 TL Zimt

350 g Mehl

2 TL Backpulver

120 g Mandeln, geschält und gemahlen

Puderzucker

Vom Grünkohl die dicken Mittelrippen und Stiele wegschneiden.

Die Äpfel schälen, vierteln, Kerngehäuse entfernen, in Spalten schneiden. Grünkohl und Äpfel im Mixer oder im Blitzhacker nicht zu fein pürieren.

Die Eier in einer Schüssel mit dem Handmixer hellgelb-cremig aufschlagen, dabei den Zucker einrieseln lassen. Alle Zutaten mit der Eimasse gut durchmischen. Ein Blech mit 12 Muffinförmchen einfetten, Teig einfüllen und die Muffins im vorgeheizten Backofen bei 175 °C circa 25 Minuten lang backen, bis sie oben aufreißen. Abkühlen lassen, herausnehmen und mit Puderzucker bestäuben.

Kohlrabi

Kohlrabi wird im Handel auch als Oberkohlrabi, Oberrübe oder Rübkohl bezeichnet. Seine Herkunft ist nicht vollkommen geklärt. In Deutschland fand er das erste Mal im Jahr 1558 Erwähnung.

Die weißen bis zartgrünen oder rötlichen bis sogar tiefvioletten plattrunden Knollen können einen Durchmesser von bis zu 20 cm erreichen. Die kleineren Exemplare schmecken aber besser und zarter, denn zu große werden meist holzig. Kohlrabi betören jeden Feinschmecker mit ihrer feinen, frischen Süße. Kohlrabi gilt zwar als typisch „deutsches“ Gemüse, wird aber in ganz Europa sehr geschätzt. Auch und vor allem die Blätter sind wertvoll, sie enthalten doppelt so viele Vitamine wie die Knolle. Deswegen sollte man sie keinesfalls wegwerfen, sondern sie gehackt über die fertige Speise streuen.

Frisch enthält Kohlrabi Vitamin C, das B-Vitamin Niacin für die Nerven, Karotin für die Augen. Eisen und Folsäure gelten als blutbildend, Magnesium schützt die Muskeln vor Krämpfen. Dazu kommen noch Kalium, das den Herzrhythmus stabilisiert, und Kalzium für die Knochen. Weil Kohlrabi zu über 90 Prozent aus Wasser und zu einem weiteren Anteil aus Ballaststoffen besteht, ist er ideal für die schlanke Linie. Er kurbelt die Darmtätigkeit an und fördert ganz allgemein die Verdauung. Man kann Kohlrabi füllen, zu Suppen, Eintöpfen und edlen Beilagen verarbeiten oder in dünne Scheiben gehobelt auch roh essen. Blanchiert sind sie auch zum Einfrieren geeignet.

Kohlrabi-Carpaccio mit Parmaschinken

low carb

Die Kohlrabi schälen und in sehr dünne Scheiben hobeln. Öl mit Zitronensaft, Salz und Pfeffer verrühren. Die Kohlrabischeiben auf 4 Tellern verteilen und mit der Marinade beträufeln. Schinken in mundgerechte Stücke schneiden und mit den Käsestückchen darüber verteilen. Petersilie und Minze hacken und darüber streuen.

2 Kohlrabi

6 EL Olivenöl

Saft einer Zitrone

Salz, Pfeffer

100 g Parmaschinken in dünnen Scheiben

100 g Parmesankäse, dünn gehobelt

Petersilie und Minze

Kohlrabi-Paprika-Suppe

vegetarisch

Für 2–3 Personen

750 g Kohlrabi

2 Paprikaschoten, rot

1 Zwiebel, klein

100 g Kartoffeln

2 EL Butter

800 ml Gemüsebrühe (siehe Rezept Seite 14)

200 ml Sahne

Salz, Pfeffer

1 Zitrone, unbehandelt

Petersilie oder Kerbel zum Garnieren

Kohlrabi putzen, schälen und würfeln. Etwa ein Viertel davon beiseite stellen. Paprikaschoten putzen, halbieren und unter dem Grill etwa 10 Minuten grillen, bis die Haut schwarze Blasen wirft. Herausnehmen, mit einem feuchten Küchenpapier bedecken und abkühlen lassen. Dann häuten und in 2 cm große Stücke schneiden. Zwiebel schälen und fein würfeln. Kartoffeln schälen und ebenfalls würfeln.

Die Butter in einem Topf zerlassen und die Zwiebelwürfel darin unter Rühren hellgelb anschwitzen. Kartoffeln und Kohlrabi hinzufügen und kurz mitdünsten. Mit der Brühe aufgießen, salzen, pfeffern und halb zugedeckt bei Mittelhitze etwa 20 Minuten leise köcheln lassen. Nach 15 Minuten die Paprika zur Suppe geben, nach 20 Minuten die Sahne zugießen und alles mit dem Stabmixer fein pürieren. Mit Zitronensaft, Salz und Pfeffer abschmecken.

Vor dem Servieren etwas Zitronenschale darüberreiben, die beiseitegestellten Kohlrabistückchen in die Suppe geben und mit Petersilien- oder Kerbelblättchen garnieren.

Basiswissen

Auch die Blätter mitbenutzen, denn sie haben doppelt so viele Vitamine wie die Knolle.

Panierte Kohlrabischeiben mit Kräuterjoghurt

vegetarisch

Kohlrabi schälen und in 0,5 cm dicke Scheiben schneiden, salzen und pfeffern. Die Eier verquirlen. Semmelbrösel und Parmesankäse mischen. Mehl, Eier und Bröselmischung auf drei tiefe Teller verteilen. Kohlrabischeiben zuerst in Mehl, dann in den verquirlten Eiern und zuletzt in der Bröselmischung wenden. Öl in einer Pfanne erhitzen und die Kohlrabischeiben darin bei mittlerer Hitze von beiden Seiten ca. 3 Minuten goldbraun braten. Herausnehmen und auf Küchenpapier abtropfen lassen.

Den Joghurt mit Salz, Pfeffer, Zitronensaft und Cayennepfeffer abschmecken, die Kräuter fein schneiden und untermischen. Den Kräuterjoghurt zu den Kohlrabischeiben reichen.

Variante: Panierte Kohlrabischeiben mit Paprikasoße

vegan

Kohlrabi wie oben zubereiten, aber ohne Parmesankäse.

Für die Soße Zwiebel, Knoblauch und rote Paprikaschote (alles fein gewürfelt) in Olivenöl anschwitzen, mit Gemüsebrühe ablöschen, 10 Minuten köcheln lassen. Pürieren, mit Salz und Paprikapulver abschmecken.

Mit gedünstetem Gemüse (Karotten, Blumenkohl, Sellerie etc.) und Polenta wird daraus ein veganes Hauptgericht.

Für die panierten Kohlrabi:

800 g Kohlrabi

Salz, Pfeffer

2–3 Eier

150 g Semmelbrösel

50 g Parmesankäse, gerieben

80 g Mehl

4 EL Rapsöl

Für den Kräuterjoghurt:

400 ml Joghurt

Salz, Pfeffer

1 Spritzer Zitronensaft

etwas Cayennepfeffer

Kräuter nach Belieben: Petersilie, Kerbel, Dill, Schnittlauch

Kohlrabi-Lasagne

vegetarisch

2 Kohlrabi

1 Zwiebel

2 Knoblauchzehen

50 g Butter

50 g Mehl

500 ml Milch

300 ml Gemüsebrühe (siehe Rezept Seite 14)

200 ml Sahne

Salz, weißer Pfeffer

Muskat

1 TL Zucker

1 TL Zitronensaft

½ **Bund** Estragon (ersatzweise **1–2 TL** getrockneter Estragon)

1 Bund Petersilie

Fett für die Form

12 Nudelblätter für Lasagne (ungekocht verwendbar)

125 g Bergkäse, gerieben

Kohlrabi schälen, halbieren und in dünne Scheiben schneiden. Die Zwiebel fein würfeln, Knoblauch schälen. Die Butter zerlassen und die Zwiebelwürfel darin glasig anschwitzen. Knoblauch dazupressen und unter Rühren 2 Minuten dünsten. Das Mehl dazugeben und unter Rühren hellgelb anschwitzen. Mit der Milch ablöschen, Brühe und Sahne angießen und aufkochen lassen. Mit Salz, Pfeffer, Muskat, Zucker und Zitronensaft würzen und alles bei Mittelhitze offen etwa 10 Minuten köcheln lassen. Estragon und Petersilie in die Soße rühren. Den Backofen auf 180 °C vorheizen.

Eine ofenfeste Form ausfetten und etwas Soße hineinfüllen. Abwechselnd Soße, Kohlrabi und Nudelblätter in die Form schichten. Mit Nudelblättern und Soße abschließen. Den Käse darüber streuen. Etwa 45 Minuten goldbraun backen.

Basiswissen

Kohlrabi enthält Vitamin C, das B-Vitamin Niacin für die Nerven, Karotin für die Augen.

Kohlrabiragout mit gepökelter Schweinszunge

Die Zunge kurz abbrausen, in kaltem Wasser aufsetzen, Lorbeer, Gewürznelken und Wacholder hinzufügen, aufkochen lassen, abschäumen und halb zugedeckt bei milder Hitze etwa 75 Minuten sanft köcheln lassen, dabei öfter umdrehen und abschäumen. Die Zwiebel schälen und fein würfeln. Kohlrabi schälen, waschen und in mundgerechte Stücke schneiden. Die Butter in einem Topf erhitzen und die Zwiebelwürfel unter Rühren glasig anschwitzen – keine Farbe annehmen lassen. Kohlrabistücke hinzufügen, salzen und pfeffern und ebenfalls unter Rühren 2–3 Minuten mitdünsten. Mit 200 ml der Zungen-Kochbrühe knapp bedecken und alles halb zugedeckt 10 Minuten leise köcheln lassen. Die Zunge häuten, putzen und ebenfalls kleinschneiden. Zum Kohlrabi geben, Kapern, Sardellenpaste und Sahne hinzufügen. Vorher 2 EL Sahne abnehmen. Mehl mit 2 EL Sahne verrühren, in die kochende Soße rühren. Noch 2–3 Minuten leise köcheln lassen. Mit Zitronensaft und Worcestershiresauce abschmecken und servieren.

Dazu passen Salzkartoffeln.

Variante: Statt Schweinszunge eignen sich auch gepökelte Ochsenzunge oder kurz gebratene Kalbsnierchen und -leber.

Für 3 Portionen

1 Schweinszunge, gepökelt (**ca. 400 g**, beim Metzger vorbestellen)

1 Lorbeerblatt

2 Gewürznelken

2 Wacholderbeeren

1 Zwiebel, klein

2 Kohlrabi (**ca. 650 g**)

2 EL Butter

Salz, Pfeffer

3–4 EL Kapern

2 EL Sardellenpaste

200 ml Sahne

1 TL Mehl

1 Spritzer Zitronensaft

ein paar Spritzer Worcestershiresauce

Gefüllte Kohlrabi

8 Kohlrabi, mittelgroß, mit Grün

500 g Hackfleisch, gemischt (Rind/Schwein)

1 Zwiebel, klein

2–3 EL Semmelbrösel

1 Ei

1 TL Senf

Salz, Pfeffer

1 Msp. Muskat

500 ml Fleischbrühe (siehe Seite 16)

100 ml Sahne

2 EL Mehl

1 Spritzer Zitronensaft

1 Prise Zucker

Die Kohlrabi schälen, die zarten Blätter nicht zu fein hacken. Kohlrabi in Salzwasser 5 Minuten vorkochen. Deckel abschneiden, die Kohlrabi aushöhlen, Zwiebel fein würfeln. Das Hackfleisch mit Zwiebelwürfeln, Semmelbröseln, Ei und Senf vermischen und kräftig mit Salz, Pfeffer und Muskat würzen. Die ausgehöhlte Kohlrabimasse feinwürfelig mit der Hackfleischmischung vermengen und in die Kohlrabi füllen. In einen Topf setzen, mit Fleischbrühe knapp bedecken und 25 Minuten zugedeckt köcheln lassen.

Die Kohlrabi herausnehmen, die Kochflüssigkeit auf ca. 250 ml einkochen lassen. Die Sahne mit dem Mehl verrühren und den Kochsud damit binden. Nochmals mit Salz, Pfeffer, Muskat, einem Spritzer Zitronensaft und einer Prise Zucker abschmecken. Die Kohlrabi in der Soße erwärmen. Mit den gehackten Kohlrabiblättern bestreuen.

Als Beilage eignen sich Salzkartoffeln.

Rosenkohl

Diese Miniversion des Kohlkopfs wurde vor über 100 Jahren in Belgien erstmals gezüchtet, daher auch der Name „Brüsseler Kohl“ oder „Brüsseler Kohlspitzen“.
Frische Exemplare erkennt man an fest geschlossenen, leuchtend grünen Köpfen mit weißem Strunk. In der Regel haben sie einen Durchmesser von 2–4 cm. Es gibt auch rot-violetten Rosenkohl, „Rosenkohl-Rubine“ genannt, der im Innern aber grün ist. Im Gemüsefach des Kühlschranks halten sie sich etwa 4 Tage. Die „Röschen“ enthalten mehr Vitamin C als jede andere Kohlsorte, dazu kommen Vitamin B und Zink – das Beste, was man für sein Immunsystem tun kann!

Die „Rosen“ sind eigentlich „richtige“ Kohlköpfe. Vor der Zubereitung entfernt man die äußeren Blätter und schneidet den Strunk weg. Alternativ kann man auch den Ansatz kreuzweise einschneiden, um ein gleichmäßiges Garen zu gewährleisten. Am besten schmeckt Rosenkohl, wenn er nicht zu lange gegart wurde. Ins Kochwasser gehört Salz, eine Prise Zucker und ein Spritzer Zitronensaft – das verhindert, dass der Kohl bitter schmeckt. Wie auch der Brokkoli behält Rosenkohl seine appetitliche grüne Farbe, wenn man ihn gleich nach dem Kochen abtropfen lässt und ihn dann in Eiswasser abschreckt.

Besonders fein schmeckt Rosenkohl in seine einzelnen Blättchen zerlegt. Nach dem Ablösen der äußeren Blätter und des Strunks lassen sie sich leicht ablösen. Danach muss man die Blättchen nur noch kurz in Butter dünsten.

Rosenkohl gehört zu den klassischen Wild-Beilagen. Er eignet sich aber auch ausgezeichnet für Reis- und Nudelgerichte. Sehr lecker schmeckt Rosenkohl mit Béchamelsoße oder mit Käse. Als Rohkost eignet er sich nicht.

Rosenkohl-Linsen-Suppe

vegetarisch

500 g Rosenkohl

Salz

15 g Ingwer

1 Zwiebel, klein

2 Knoblauchzehen

2 EL Öl

100 g Linsen, rot

1 TL Currypulver

600 ml Gemüsebrühe (siehe Rezept Seite 14)

100 ml Sahne

Salz

Saft einer Orange

1 Msp. Zucker

Rosenkohl putzen, waschen und in kochendem Salzwasser 7–8 Minuten blanchieren. Herausnehmen und abtropfen lassen.

Ingwer und Zwiebel fein würfeln, Knoblauch schälen. Das Öl erhitzen und Zwiebel und Ingwer darin unter Rühren glasig dünsten. Knoblauch dazupressen und kurz weiterdünsten. Linsen, Rosenkohl und Currypulver hinzufügen. Brühe und Sahne angießen, salzen und zugedeckt bei mittlerer Hitze 5–8 Minuten garen. Den Orangensaft hinzufügen, mit Salz und Zucker abschmecken, nochmals kurz aufkochen und servieren.

Rosenkohl-Kartoffel-Auflauf

vegetarisch

700 g Rosenkohl

600 g Kartoffeln

250 g Parmesankäse

250 g saure Sahne oder crème fraîche

2 Eigelbe

2 EL Milch

Salz, Pfeffer

½ **TL** Muskat

Fett für die Form

Butterflöckchen

Rosenkohl putzen und waschen, Kartoffeln schälen, waschen, vierteln und in Stücke schneiden. Rosenkohl und Kartoffeln getrennt in Salzwasser knapp gar kochen, abtropfen lassen. Parmesankäse reiben. Saure Sahne mit den Eigelben und der Milch verrühren, mit Salz, Pfeffer und Muskat kräftig würzen. Eine ofenfeste Form ausfetten, Rosenkohl und Kartoffeln einfüllen, das Eigelb-Milch-Käse-Gemisch darüber gießen. Mit Butterflöckchen belegen und im vorgeheizten Backofen beim 220 °C etwa 40 Minuten goldbraun überbacken.

Dazu passt ein gemischter Salat.

Basiswissen

Rosenkohl enthält mehr Vitamin C als jede andere Kohlsorte, dazu kommen Vitamin B und Zink.

Gefüllte Zwiebeln mit Rosenkohl

vegetarisch

Die Zwiebeln in der Schale 30 Minuten in Salzwasser kochen. Herausheben, abtropfen und abkühlen lassen. Rosenkohl putzen, halbieren und in Salzwasser 3–4 Minuten kochen. Herausnehmen, etwas abkühlen lassen und klein würfeln.

Die Zwiebeln schälen und quer halbieren, das Innere bis auf einen Rand herausnehmen und fein würfeln. Den Knoblauch schälen. Das Öl in einem Topf erhitzen und die Zwiebelwürfel darin andünsten. Rosenkohl dazugeben, Knoblauch dazupressen, salzen und pfeffern, mit Balsamico ablöschen. 2 EL Semmelbrösel unterrühren und die Mischung abkühlen lassen. Ricotta unterrühren, mit Salz und Pfeffer abschmecken und die Masse in die Zwiebelhälften füllen. Restliche Semmelbrösel mit Parmesan mischen. Die Zwiebeln mit etwas Olivenöl einpinseln und die Parmesanmischung darüber streuen.

Auf ein mit Backpapier ausgelegtes Backblech (oder in eine mit Backpapier ausgelegte ofenfeste Form) setzen und im vorgeheizten Backofen bei 220 °C etwa 15 Minuten goldbraun backen. Warm oder kalt servieren.

4 Gemüsezwiebeln, groß, weiß

300 g Rosenkohl

1 Knoblauchzehe

6 EL Olivenöl

Salz, Pfeffer

1 EL Balsamico

5 EL Semmelbrösel

125 g Ricotta

4 EL Parmesankäse, gerieben

Rosenkohl mit Rosa Beeren

500 g Rosenkohl

40 g Butter

Salz

½ **TL** Zucker

250 ml Gemüsebrühe (siehe Rezept Seite 14)

1 TL Rosa Beeren (getrocknet)

vegetarisch

Den Rosenkohl putzen und halbieren. Die Butter in einem Topf erhitzen, die Rosenkohlhälften darin unter Rühren ca. 3 Minuten andünsten. Salzen, den Zucker darüberstreuen und eine weitere Minute rühren. Die Brühe angießen und bei mittlerer Hitze offen einköcheln lassen, bis die Flüssigkeit fast vollständig verdampft ist und der Rosenkohl zu glänzen beginnt. Mit angedrückten Rosa Beeren bestreuen und servieren.

Schmeckt lecker mit Kartoffelgratin, für Fleischfans zu kurz gebratenem Wild, zu Lamm- oder Schweinskoteletts oder zu Bratwurst.

Variante: Rosenkohl mit Speck

Dafür Rosenkohl putzen und in Salzwasser knapp gar kochen. Butter zerlassen, Speck- und Zwiebelwürfel darin unter Rühren glasig anschwitzen. Den abgetropften Rosenkohl in den Topf geben und ein paar Minuten durchschwenken. Mit Salz, Pfeffer und Muskat würzen.

Passt zu Schnitzeln und Kartoffelpüree.

vegetarisch

Variante: Rosenkohl mit Gorgonzola-Soße

250 g cremigen Gorgonzola mit etwas Sahne verrühren, pfeffern und zu gekochtem Rosenkohl servieren.

Passt zu Polenta.

Info: Rosa Beeren heißen die Früchte des brasilianischen Pfefferbaums, der nicht mit Pfeffer verwandt ist, sind überall erhältlich.

Rosenkohl-Kartoffel-Kroketten

vegetarisch

750 g Kartoffeln, mehlig

350 g Rosenkohl

50 g Butter, zimmerwarm

2 Eigelbe

Salz, Pfeffer

Muskat

50 g Sesam

Öl zum Ausbacken

Die Kartoffeln schälen, grob würfeln und in Salzwasser weich kochen. Rosenkohl putzen und ca. 10 Minuten in Salzwasser kochen. Beides abgießen und gut abtropfen lassen. Kartoffeln durch die Presse drücken, mit Butter, Eigelben, Salz, Pfeffer und Muskat vermischen. Je einen Löffel Kartoffelteig in die angefeuchtete Hand legen, ein Rosenkohlröschen darauf legen, einschlagen und festdrücken. Die Kroketten in Sesam wenden und in heißem Öl goldbraun ausbacken.

Passt zu Wildbraten.

Rotkohl

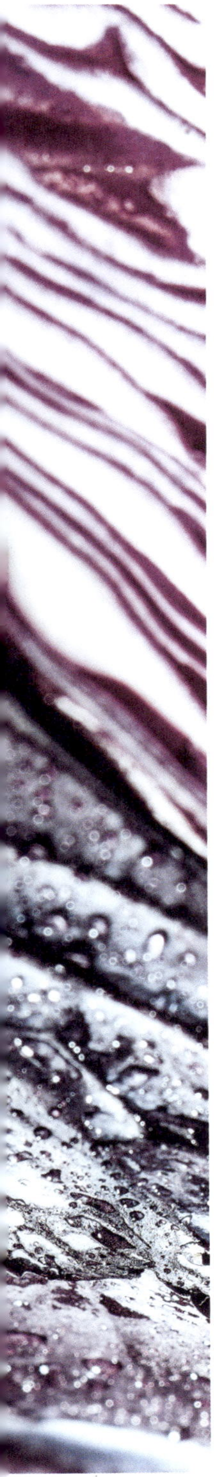

Ob man ihn nun Rotkohl oder Blaukraut nennt – die Rede ist vom rot-bläulich schimmernden, festen Kohlkopf, der hauptsächlich in Europa angebaut und verzehrt wird. Rotkohl ist ein enger Verwandter des Weißkohls. In der Regel sind seine Köpfe sehr fest und kleiner als Weißkohl. Im Handel gibt es frühe und späte sowie Dauersorten. Was die Inhaltsstoffe des Rotkohls angeht, so hat er den geringsten Carotingehalt, aber einen hohen an Vitamin C.

Sein leicht süßlicher Geschmack macht ihn zu einer idealen Beilage zu Wild, wie zum Beispiel zu Hirsch, Gams, Reh oder Wildgeflügel, alles traditionelle Herbst- und Wintergerichte, obwohl sein kräftiger Geschmack eigentlich das ganze Jahr über „passt“. Er schmeckt roh geraspelt in Salaten genauso gut wie gedünstet oder geschmort.

Wie sein „weißer“ Bruder mag der Rotkohl bei der Zubereitung gerne etwas Saures. Rotweinessig oder – etwas feiner – Balsamico trägt zudem zu einer intensiveren Rotfärbung des Kohls bei. Meist wird Rotkohl fein gehobelt und mit Zwiebeln, Nelken, Lorbeer, Wacholder und Piment gegart. Rotkohl liebt ebenso die süßsaure Note von Äpfeln, Birnen, Quitten, Preiselbeeren oder Orangen. Sogar asiatisch „kann“ der Rote und harmoniert zum Beispiel mit Ingwer und Knoblauch ausgezeichnet. Er eignet sich für Suppen und Gemüsebeilagen, aber auch als Ummantelung für Hackfleisch, wobei er auch hier dem Wildhack gerne den Vorzug gibt.

Rotkohlsaft

vegetarisch

Die Rotkohlblätter grob zerteilen, den Strunk vom Chicorée keilförmig herausschneiden, die Blätter ebenfalls grob schneiden, die Orange auspressen. Alle Zutaten im Mixer 2 Minuten mixen, nach Geschmack mit Wasser verdünnen. Wer mag, würzt mit Honig und frisch geriebenem Meerrettich.

Variante: anstelle von Joghurt Sahne verwenden

Variante: Statt der Orange können Äpfel verwendet werden. Meerrettich kann auch durch Radieschen ersetzt werden (diese dann mitpürieren).

100 g Rotkohlblätter

1 Chicorée-Staude

1 Orange

100 ml Joghurt, weiß

Basiswissen

Von den Kohlgemüsen hat Rotkohl den geringsten Carotingehalt, aber dafür einen hohen an Vitamin C.

Rotkohlsalat mit Orangen

vegetarisch

1 Rotkohl (ca. 500 g)

1 TL Salz

2 Orangen

2 EL Rotweinessig

2 EL Balsamico

1 EL Honig

Pfeffer

6 EL Samenöl

3 EL Sonnenblumenkerne

Den Rotkohl halbieren, vierteln, den Strunk entfernen und die Blätter in sehr feine Streifen schneiden oder hobeln. Mit Salz vermischen und ein paar Minuten gut durchkneten. Abspülen. Von den Orangen die Schalen hauchdünn abschälen oder mit einem Zestenreißer ablösen. Eine Orange auspressen, den Saft mit Essig, Balsamico, Honig, Pfeffer und Öl vermischen. Die andere Orange filetieren. Die Sonnenblumenkerne in einer trockenen Pfanne goldbraun rösten. Den Rotkohlsalat mit den Orangenfilets und mit der Vinaigrette mischen. Mit den Sonnenblumenkernen und den Orangenzesten bestreuen.

Tipp: Statt der Sonnenblumenkerne eignen sich auch Pinienkerne oder Sesam, ebenfalls in einer trockenen Pfanne goldbraun geröstet.

Rotkohl klassisch

Den Rotkohl putzen, vierteln, vom Strunk befreien und fein hobeln oder schneiden. Zwiebel fein würfeln. Das Schmalz in einem Topf erhitzen und die Zwiebelwürfel darin unter Rühren hellgelb werden lassen. Rotkohlstreifen hinzufügen und unter Rühren 2–3 Minuten anbraten. Den Zucker darüberstreuen und kurz karamellisieren lassen. Salzen, pfeffern, Essig und etwa 150 ml Wasser angießen. Die Gewürze hinzufügen. Zugedeckt etwa 30–45 Minuten garen, dabei hin und wieder umrühren. Falls nötig, etwas Wasser zugeben.

1 Rotkohl (ca. 750 g)

1 Zwiebel

2 EL Gänse- oder Schweineschmalz

2 TL Zucker

Salz, Pfeffer

3 EL Rotweinessig

150 ml Wasser

je 4 Gewürznelken, Pimentkörner und Wacholderbeeren

1 Lorbeerblatt

Tipp: Wer will, kann 10 Minuten vor Ende der Garzeit einen geschälten, gewürfelten Apfel hinzufügen.

Klassische Beilage zu Wild, Ente und Gans. Passt aber auch prima zu deftigen Bratwürsten und zu Schweinskoteletts.

vegetarisch

Variante: Rotkohl mit Balsamico

Den Kohl wie oben vorbereiten, in einem Öl-Butter-Gemisch (1 EL Öl und 1 EL Butter) anbraten, salzen und pfeffern. Zerdrückte Wacholderbeeren, je 2 EL Balsamessig und Ahornsirup und etwas Wasser hinzufügen. Wie oben schmoren.

Passt zu Wild, Gänse- oder Entenbraten und auch zu Karpfen.

vegetarisch

Variante: Rotkohl mit Ingwer

Den Rotkohl vorbereiten wie im Rezept beschrieben, im Öl-Butter-Gemisch eine halbe gewürfelte Zwiebel anschwitzen und 20 g geschälten, fein gewürfelten Ingwer hinzufügen. Mit Salz, Zucker und Rotweinessig abschmecken.

Passt zu asiatisch gewürztem Fleisch und Geflügel.

Rotkohlstrudel mit Orangen-Portwein-Soße

vegetarisch

Für den Strudel:

400 g Rotkohl

1 Zwiebel

1 Orange

75 g Pinienkerne

1 EL Butter

Salz, Pfeffer

1 TL Zucker

2 EL Rotweinessig

250 ml Wasser

1 Lorbeerblatt

4 Nelken

ca. 275 g Blätterteig

1 Eigelb, mit etwas Milch verquirlt

Für die Orangen-Portwein-Soße

150 g Champignons

100 g Butter

100 g Johannisbeergelee, schwarz

Abrieb einer unbehandelten Orange

200 ml Gemüsebrühe (siehe Rezept Seite 14)

250 ml Orangensaft, frisch gepresst

250 ml Portwein, rot

Salz, Pfeffer

Rotkohl in feine Streifen schneiden, Zwiebel fein würfeln. Die Orange dick schälen und filetieren, den Saft auffangen. Pinienkerne in einer kleinen Pfanne trocken goldbraun rösten. Die Butter in einem Topf zerlassen und die Hälfte der Zwiebelwürfel darin unter Rühren hellgelb anschwitzen. Rotkohl hinzufügen, umrühren, salzen und pfeffern und mit Zucker bestreuen. Unter Rühren etwas karamellisieren lassen. Mit Rotweinessig sowie dem aufgefangenen Orangensaft ablöschen, mit Wasser auffüllen, Lorbeer und Nelken hinzufügen und im halb geschlossenen Topf 25 Minuten köcheln lassen. Nach 15 Minuten die Orangenfilets zum Rotkohl geben. Offen weiterköcheln lassen, bis die Flüssigkeit fast vollständig verdampft ist. Abkühlen lassen, die Pinienkerne untermischen.

Den Blätterteig auf einem mit Backpapier ausgelegten Backblech ausrollen, die Füllung darauf verteilen. Die Seiten einschlagen und den Strudel aufrollen. Mit der Nahtstelle nach unten auf das Backblech legen, mit verquirltem Eigelb bestreichen und im vorgeheizten Backofen bei 175 °C etwa 30 Minuten goldbraun backen.

Für die Soße Champignons putzen und in Scheiben schneiden. Die Hälfte der Butter zerlassen, die restlichen Zwiebelwürfel und die Champignons darin unter Rühren andünsten. Die andere Hälfte der Butter in kleine Würfel schneiden und ins Tiefkühlfach geben. Das Johannisbeergelee zu den Champignons geben, umrühren und etwa 4 Minuten köcheln lassen. Orangenabrieb, Gemüsebrühe, Orangensaft und Portwein angießen und alles offen auf etwa ein Drittel einkochen lassen. Mit Salz und Pfeffer abschmecken. Die Soße mit den eiskalten Butterstückchen nach und nach binden. Nicht mehr kochen lassen und die Soße zum Rotkohlstrudel servieren.

Rotkohlrouladen mit Wildhack-Füllung

Den Rotkohl rund um den Strunk einschneiden. In kochendes Wasser legen, den Herd ausschalten und den Kohl etwa 15 Minuten im Wasser lassen, dabei zweimal wenden.

6 Blätter ablösen, auf einem Küchentuch abtropfen lassen, die dicken Mittelrippen 2–3 cm herausschneiden. Den übrig gebliebenen Kohl anderweitig verwenden.

Das Hack in eine Schüssel geben, die Zwiebel fein würfeln, die Hälfte der Zwiebelwürfel unter das Hack mischen, den Knoblauch schälen und dazupressen. Mit den Eiern verrühren und mit Petersilie, Piment, Wacholder, Salz, Pfeffer und Senf kräftig abschmecken. Das Mehl unterheben. Das Hackfleisch auf die Rotkohlblätter legen, die Kohlblätter einschlagen und aufrollen. Mit Küchengarn zubinden.

Das Schmalz in einem großen Topf erhitzen, die Rotkohlrouladen hineinlegen und von einer Seite anbraten. Die restlichen Zwiebelwürfel hinzufügen, die Rouladen wenden und mit den Zwiebeln 5 Minuten goldbraun braten. Mit Marsala ablöschen, etwas einkochen lassen, Rotwein und Brühe angießen, Gewürze hinzufügen. Den Topf verschließen und die Rouladen 45–50 Minuten bei Mittelhitze garen, dabei 2–3 Mal wenden.

Dazu passen Salzkartoffeln oder Kartoffelpüree.

Tipp: Anstatt Wildschweinhack kann gemischtes Hackfleisch verwendet werden.

Für 6 Stück:

1 Rotkohl

600 g Wildschweinhack (Nacken)

1 Zwiebel, mittlere

2 Knoblauchzehen

2 Eier

3 EL Petersilie, gehackt

½ TL Piment, gemahlen

4 Wacholderbeeren, im Mörser zerrieben

Salz, Pfeffer

2 EL Senf

3 EL Mehl

2 EL Schweine- oder Butterschmalz

50 ml Marsala, trocken

125 ml Rotwein

125 ml Fleischbrühe (siehe Rezept Seite 16)

2 Lorbeerblätter

Orangenschale, getrocknet

3 Nelken

Rotkohl-Dörrzwetschgen-Kuchen mit Zwetschgensahne

vegetarisch

Für den Kuchen:

350 g Rotkohl

300 g Dörrzwetschgen mit Stein

2 EL Butter

1 TL Zucker

1 Prise Salz

1 Schuss Rotwein

250 ml Wasser

1 Prise Nelkenpulver

1 Prise Zimt

175 g Butter

150 g Zucker

3 Eier

150 g Walnusskerne

225 g Mehl

Für die Zwetschgensahne:

Saft einer Orange

Saft einer halben Zitrone

2 EL Weinbrand

300 g Dörrzwetschgen mit Stein

250 ml Sahne

1 EL Vanillezucker

½ TL Zimt

Raspelschokolade

Den Rotkohl in feine Streifen und dann in sehr feine Stückchen schneiden. Die Zwetschgen in warmem Wasser etwa 30 Minuten einweichen, herausnehmen, entsteinen und ebenfalls fein würfeln. Die Butter in einem Topf zerlassen, den Rotkohl darin unter Rühren bei Mittelhitze 3 Minuten andünsten. Mit Zucker bestreuen und kurz karamellisieren lassen. 1 Prise Salz hinzufügen. Mit Rotwein ablöschen, das Wasser angießen, mit Nelken- und Zimtpulver würzen und halb zugedeckt 30 Minuten dünsten lassen. Dabei soll die Flüssigkeit völlig verdampft sein – sonst noch etwas weiterkochen oder den Kohl auf einem Sieb abtropfen lassen.

Die Butter mit dem Handmixer aufschlagen, den Zucker einrieseln lassen und alles schaumig schlagen. Nach und nach die Eier einrühren. Die Walnusskerne in einer trockenen Pfanne 5 Minuten rösten, dann nicht zu fein mahlen. Mit dem Mehl zur Buttermischung geben. Rotkohl und Backzwetschgen einrühren. Eine Kastenform fetten und mit Mehl bestäuben. Den Teig einfüllen und im vorgeheizten Backofen bei 180 °C etwa 80 Minuten backen. Den Kuchen in der Form auskühlen lassen.

Für die Zwetschgensahne Orangen- und Zitronensaft mit Weinbrand mischen und die Zwetschgen darin 30 Minuten einweichen. Die Zwetschgen sollten bedeckt sein, notfalls noch Flüssigkeit hinzufügen. Die Zwetschgen entsteinen und mit der Einweichflüssigkeit und 50 ml der Sahne pürieren. Die restliche Sahne fast steif schlagen, mit Vanille und Zimt würzen, das Zwetschgenmus unterrühren. Mit Raspelschokolade bestreuen und zum Kuchen servieren.

Rüben

Auch die Rüben gehören zum Kohl! Hier ist aber keinesfalls die gelbe oder rote Rübe gemeint (Karotte, Rote Bete), denn dabei handelt es sich um ein botanisch ganz anderes Gewächs. Auch die Zuckerrübe gehört zu einer anderen Pflanzenfamilie.

Vielmehr unterscheiden wir hier zwischen der Speiserübe und der Kohlrübe. Die Speiserübe wird auch Herbst-, Stoppel-, Kraut- oder Ackerrübe genannt, die Kohlrübe ist auch unter der Bezeichnung Steckrübe bekannt. Erstere ist eine antike Kulturpflanze, zu der auch die in der gehobenen Küche gerne verwendeten Mairübchen gehören. Ebenfalls bekannt ist der Stängelkohl, auch Stielmus oder Rübstiel, italienisch Cime di Rapa. Den Namen Stoppel- oder Ackerrübe verdankt diese Rübe ihrer Anbauweise. Sie wird nämlich nach der Getreideernte Mitte Juli auf die Stoppeln der abgeernteten Felder gesät und gedeiht dort im Oktober als zweite Ackerfrucht.

Schon die alten Griechen und Römer kultivierten Rüben, und bis zur Einfuhr der Kartoffel gehörten sie zum alltäglichen Speiseplan. Die Speiserüben sind etwa so groß wie Kohlrabi und haben grüne Blätter. Ihre Rinde ist weiß bis rosa-lilafarben. Der Geschmack ist mild-würzig mit leichter Schärfe. Aus der Speiserübe wird das in Tirol so beliebte Rübenkraut hergestellt.

Die feinsten Rüben sind die im Alpenraum leider selten anzutreffenden „Teltower Rübchen“, die aus Brandenburg südlich von Berlin stammen. Schon Goethe ließ sie sich per Postkutsche nach Weimar bringen. Auf dem märkischen Sandboden gedeihen die weißen Rüben zwar nur zu kleinen, etwa fingerlangen Gewächsen, die sich aber durch einen äußerst edlen, sanften Geschmack auszeichnen. Ähnlich schmecken die auch bei uns erhältlichen Mairübchen. Wie ihre brandenburgischen Verwandten dünstet man sie nur kurz in Butter, glasiert sie mit etwas Zucker und gart sie in Fleischbrühe, die zum Schluss mit Sahne verfeinert wird. Wunderbar zu Rindersteaks!

Im Alpenraum war die Rübe bis weit nach Ende des Zweiten Weltkriegs ein wichtiges Nahrungsmittel. Das sieht man schon an den vielen Spitz- oder Beinamen: Soachruibm, Fetzruabn, Bettsoachrübm, Tellerruibe, Gratscharuibe sind nur einige von vielen landläufigen Bezeichnungen. Früher hatte jeder Bauernhof seinen Rübenacker, und von den Feldfrüchten wurde wirklich fast alles verwendet, nicht nur die Rübe selbst, sondern auch ihre Blätter, dazu das frische Wasser, das beim Zerkleinern der Rüben entsteht, sowie das Krautwasser, der wässrige Bestandteil des vergorenen Rübenkrauts. Besonders im Winter waren Rübe und Rübenkraut eine willkommene und vor allem

vitaminreiche Abwechslung auf dem sonst eher eintönigen Speiseplan. Roh aß man Rübenkraut als Vorspeise auf Brot, gekocht zu Knödeln. Als Fülle von Teigtaschen – zusammen mit Topfen, Zwiebel, Schnittlauch und Salz – diente es ebenfalls. In Butter abgeschmälzt und mit Wasser aufgegossen kamen sie als Rübensuppe auf den Tisch, sonntags bereichert durch ein Stück Speck. Noch gehaltvoller machte die Suppe eine Einbrenn aus Butter, Mehl und Zwiebeln. Zu guter Letzt mischte man gehackte Rüben nach der Schlachtung auch in die Blutwürste, oft zusammen mit Minze. Das Wasser, das bei den frisch gehackten Rüben anfiel, diente sogar zur Zubereitung einer Art von Honig, indem man es solange einkochte, bis eine dickliche Konsistenz erreicht war – ein günstiger Brotaufstrich, der lindernd bei Husten wirkt. Das Wasser der gesäuerten Rüben war ein willkommener Essig-Ersatz und hieß „Rübensuppe" oder „Krautsuppe". Und wie wir heute mit Essig auch sauber machen, war Rübenessig ein gängiges Putzmittel.

In der Tiroler Wildschönau ist die Speiserübe sogar Ausgangsmaterial für einen nur dort produzierten Schnaps, den regional geschützten „Krautinger". Dafür werden die geschnetzelten Rüben zuerst eingemaischt, also vergoren, und dann zweimal destilliert. Die Einheimischen schwören auf den verdauungsfördernden und magenberuhigenden Effekt, der Geschmack ist allerdings nicht jedermanns Sache – einfach mal probieren!

„Kimmt die Rübe ins Haus, muss der Doktor hinaus", heißt es in einem Tiroler Sprichwort. So gilt nicht nur der Krautinger Schnaps als wahres Wundermittel bei Magen- und Verdauungsbeschwerden, sondern auch der Saft des Rübenkrauts. Die harntreibende Wirkung bescherte der Rübe die Bezeichnungen „Soachrübm" oder „Bettsoachrübm". Und was für den Menschen gut ist, kann fürs Tier auch nicht schlecht sein, dachten sich die Tiroler Bauern und verabreichten Rübensaft und -sirup auch ihren Haustieren, besonders den Schweinen. Die Hühner erfreuten sich an einer Mischung aus Kraftfutter und schon etwas zu sauer gewordenem Rübenkraut. Frische Rüben, ebenfalls mit Kraftfutter vermischt, waren bei den Kühen beliebt, die sich mit erhöhter Milchleistung bedankten.

Rübeneintopf mit Hammel

600 g Hammelfleisch (Schöpsernes, ersatzweise ein älteres Lamm)

1 Zwiebel

2 EL Butterschmalz

2 Knoblauchzehen

Salz, Pfeffer

2 TL Thymian, getrocknet

500 ml Fleischbrühe (siehe Rezept Seite 16)

750 g Speiserüben

1 Apfel

1 TL Zucker

Das Hammelfleisch in mundgerechte Stücke schneiden. Die Zwiebel fein würfeln, den Knoblauch schälen. Das Butterschmalz in einem Topf erhitzen und die Fleischwürfel darin unter Rühren von allen Seiten scharf anbraten. Herausnehmen, im verbliebenen Fett die Zwiebelwürfel goldbraun braten, Knoblauchzehen dazupressen und kurz mitbraten. Das Fleisch wieder in den Topf geben, salzen und pfeffern, Thymian hinzufügen und die Fleischbrühe dazugießen. Alles halb zugedeckt 1 Stunde garen. Die Rüben putzen, schälen und in mundgerechte Stücke schneiden. Zum Fleisch geben und weitere 25 Minuten garen. Den Apfel schälen, vierteln, das Kerngehäuse entfernen, in Stücke schneiden. Apfelstücke und Zucker in den Topf geben und weitere 5 Minuten garen.

Tipp: Wer mag, kann auch Kartoffeln und/oder Karotten zum Fleisch geben.

Hecht mit Rüben

Die Rüben putzen, schälen, halbieren, vierteln und in nicht zu dicke Scheiben schneiden. In heißem Schweineschmalz unter häufigem Wenden von allen Seiten knusprig braten. Warm halten.

Die Hechtfilets mit Salz und Pfeffer würzen, mit Zitronensaft beträufeln und in Mehl wenden. Schweineschmalz erhitzen und die Filets zuerst auf der Hautseite knusprig braun braten, dann wenden und ebenfalls knusprig braten (insgesamt etwa 5–6 Minuten). Die weißen Rüben auf Tellern verteilen und die Hechtfilets darauf anrichten.

Anstelle der Hechtfilets eignen sich auch andere festfleischige Fischfilets wie Karpfen oder Seeteufel.

500 g Speiserüben

1–2 EL Schweineschmalz

4 Hechtfilets, mit Haut, à **180–200 g**

Salz, Pfeffer

2 EL Zitronensaft

2 EL Mehl

1–2 EL Schweineschmalz

Rübenkraut

In einigen europäischen Regionen hat das gute alte Sauerkraut im Winter einen Konkurrenten: das Rübenkraut. Die Herbst- oder Speiserübe wird dazu nicht allzu fein gehobelt bzw. gehackt und milchsauer vergoren. Bis weit nach Ende des Zweiten Weltkriegs gehörten Rüben zu den wichtigsten Nahrungsmitteln. Nahezu jeder Bauer pflegte seinen Rübenacker. Die Rübe wurde vielseitig verwendet und diente nicht nur den Menschen, sondern auch Tieren als gesunde und nahrhafte Nahrung.

Wenn die Ernte eingebracht ist, widmet sich der Bauer seinen Rüben. Es beginnt das „Krauteinschneiden". Mit speziellen Krauthobeln und -messern werden die Knollen auf ebenso speziellen Krautbrettern in dünne Stifte oder auch reiskorngroße Stückchen gehackt. Dann kommt es in ein Holzfass und wird dort ohne andere Zutaten eingestampft. Nach etwa sechs Wochen ist der Gärungsprozess abgeschlossen und das Rübenkraut fertig zur Verwendung. Heute geschieht dies zwar kaum noch am Hof, sondern maschinell in großen Verarbeitungshallen der Krauthersteller. Das Verfahren ist aber identisch mit dem manuellen – es werden keine Zusatzstoffe verwendet, alles ist rein natürlich. Rübenkraut hat einen ganz eigenen, leicht bitter-süßlichen Geschmack und bereichert unseren Speiseplan sowohl roh als auch gekocht. Mischt man Sauerkraut und Rübenkraut im Verhältnis 1 zu 1, so erhält man eine sehr leckere und extrem gesunde Beilage zu Sur- und Selchfleisch, zu Hauswürsten, Knödeln oder Kartoffeln!

Rübenkraut-Salat mit Erdnüssen

vegan

Das Rübenkraut in eine Schüssel geben, Schalotten fein würfeln. Erdnüsse grob hacken. Alles miteinander vermischen, mit der Sojasoße würzen und mit gehackter Petersilie bestreuen.

Grundsätzlich kann man Rübenkraut auf dieselbe Weise wie Sauerkraut anmachen, also bei den Zutaten das Sauerkraut durch Rübenkraut ersetzen.

250 g Rübenkraut

2 Schalotten

50 g Erdnüsse, roh, ohne Schale, ungesalzen

2–3 EL Sojasoße

Petersilie

Basiswissen

Auch Folsäure – wichtig zum Beispiel für Schwangere – ist in Kohl und Konsorten vorhanden.

Krautschnitten mit Sahne

vegetarisch

250 g Rübenkraut

250 g Sauerkraut

200 ml Sahne

3–4 EL saure Sahne

3–4 EL Doppelrahmfrischkäse

Salz, Pfeffer

1 Vinschger Paarl*, geröstet

4 EL Schnittlauchröllchen

Rüben- und Sauerkraut wenn nötig abtropfen lassen und klein schneiden. Die Sahne nicht ganz steif schlagen, mit saurer Sahne, Doppelrahmfrischkäse, Salz und Pfeffer verrühren. Die Krautmischung unterziehen und auf einem gerösteten Vinschger Paarl* anrichten. Mit Schnittlauchröllchen bestreuen.

Variante: Einen pikanteren Geschmack erhält die Sahnecreme, wenn man edelsüßes und etwas scharfes Paprikapulver unterrührt.

Variante: Topfenaufstrich mit Rübe

Dafür kleine Speiserüben schälen und fein reiben, mit Topfen, zerlassener Butter, Salz, Pfeffer, Knoblauch, Petersilie, Schnittlauch und frisch geriebenem Meerrettich vermengen und mit Bauernbrot servieren.

* Vinschger Paarln sind handtellergroße, ca. drei Zentimeter dicke Fladenbrötchen aus Roggen-Weizen-Sauerteig und Hefe aus dem Südtiroler Vinschgau.

Rübenkraut klassisch

1 Zwiebel

1 EL Schweineschmalz

750 g Rübenkraut

350 ml Gemüse- oder Fleischbrühe (siehe Rezept Seite 14 bzw. Seite 16)

1 TL Kümmel

1 EL Wacholderbeeren

Die Zwiebel fein würfeln und in heißem Schmalz goldgelb braten. Das Rübenkraut (sollte es sehr sauer sein, abspülen und abtropfen lassen) hinzufügen und unter Rühren 2–3 Minuten mitbraten. Die Brühe angießen, Gewürze hinzufügen und alles zugedeckt 20–30 Minuten köcheln lassen.

Passt zu deftigem Fleisch wie frischer oder geräucherter Wurst, zu gegartem Speck, Eisbein, Selchfleisch und Schweinebraten und natürlich zu Pressknödeln.

Variante: Rübenkraut mit Sauerkraut

Dafür die Hälfte des Rübenkrauts durch Sauerkraut ersetzen.

Variante: Rübenkraut mit Sahne

Rübenkraut wie oben zubereiten, zum Schluss 250 mg saure Sahne unterrühren, aufkochen und mit Schnittlauchröllchen bestreuen.

Passt gut zu Kalbskoteletts.

Variante: Rübenkraut mit Kürbis

500 g Rübenkraut eventuell abspülen und abtropfen lassen. Eine halbe Zwiebel in Schmalz anrösten, Rübenkraut hinzufügen, kurz mitbraten, mit Fleisch- oder Gemüsebrühe ablöschen und zugedeckt 30 Minuten garen. 400 g Kürbiswürfel in Butter anbraten, mit etwas Zucker karamellisieren und unter das Rübenkraut geben. Passt zum Beispiel zu Ossobuco vom Truthahn.

Rübenkraut-Feigen-Torte

vegetarisch

Für eine Springform mit 21 cm Durchmesser

Für den Teig:

200 g Mehl

100 g Butter

50 g Zucker

1 Eigelb

1 Prise Salz

Für die Fülle:

300 g Rübenkraut

150 g Feigen, getrocknet

1 Apfel

1 EL Puddingpulver

125 ml Milch

1 EL Zucker

Aus Mehl, Butterstückchen, Zucker, Eigelb und Salz einen Mürbteig kneten. Falls nötig, 1 EL kaltes Wasser hinzufügen. Den Teig 30 Minuten kalt stellen.

Das Rübenkraut unter fließendem Wasser waschen, gut abtropfen lassen, ausdrücken und fein hacken. Die Feigen fein schneiden und unter das Kraut mischen. Den Apfel schälen und in das Kraut reiben. Das Puddingpulver mit gut 125 ml Milch und dem Zucker verrühren. Mit der Rübenkrautmischung vermengen.

Den Teig auf einer bemehlten Fläche in Größe der Form ausrollen. Die Form fetten und bemehlen. Den Teig in die Form legen, dabei einen Rand von 2–3 cm formen. Den Boden mit einer Gabel mehrfach einstechen. Die Rübenkrautmischung einfüllen. Den Kuchen im vorgeheizten Backofen bei 220 °C 30 Minuten backen, dann die Hitze auf 175 °C drosseln und den Kuchen 90–120 Minuten backen.

In der Form auskühlen lassen und mit Schlagsahne servieren.

Rübstiel

Rindfleischsuppe mit Rübstiel

500 g Rindfleisch (Brust)

1 Zwiebel, geschält und halbiert

1 Bund Suppengrün

Salz

3 Pfefferkörner

1 kg Rübstiel

500 g Kartoffeln

1 TL Essig

Das Fleisch mit der Zwiebel und dem Suppengrün in einen Topf geben, mit Wasser knapp bedecken, Salz und Pfefferkörner hinzufügen und 90 Minuten halb zugedeckt köcheln lassen. Immer wieder abschäumen. Nach Ende der Garzeit das Fleisch herausnehmen und beiseitestellen. Die Suppe durch ein Sieb gießen.

Das Rübstielgemüse putzen, waschen und in 3 cm lange Stücke schneiden. Kartoffeln schälen, waschen und würfeln. Kartoffelstücke und Rübstiel in die Suppe geben und etwa 20 Minuten garen.

Das Fleisch wieder in die Suppe geben, mit Essig abschmecken und servieren.

Geschmorter Rübstiel

vegetarisch

Das Gemüse waschen, putzen und in 2–3 cm lange Stücke schneiden. Öl und Butter erhitzen und das Gemüse darin unter Rühren anschwitzen. Knoblauch schälen und dazupressen, alles salzen und pfeffern, die Lorbeerblätter hinzufügen und umrühren. Den Weißwein angießen und zugedeckt etwa 10 Minuten dünsten, dabei hin und wieder umrühren und falls nötig noch etwas Wasser hinzufügen.

Variante: Nicht-Vegetarier braten im Fett 2–3 Sardellenfilets an und zerdrücken sie dabei. Dann aber weniger Salz verwenden.

1,5 kg Rübstiel

50 ml Olivenöl

1 EL Butter

2 Knoblauchzehen

Salz, Pfeffer

2 Lorbeerblätter

3–4 EL Weißwein

Orecchiette mit Rübstiel

500 g Rübstiel

Salz

200 g Orecchiette (Muschelnudeln)

3 EL Olivenöl

5–6 Sardellenfilets, in Öl, abgetropft

2–3 Knoblauchzehen

1 Chilischote, frisch, rot (ersatzweise 2 getrocknete)

Das Gemüse waschen, putzen, große, harte Blätter und dicke Stängel entfernen. Es sollen etwa 250 g übrig bleiben. Diese in 1 cm große Stücke schneiden und in kochendem Salzwasser 3 Minuten blanchieren, herausnehmen und abtropfen lassen. Im selben Wasser die Nudeln nach Packungsanweisung bissfest garen.

Das Öl in einer großen Pfanne erhitzen und die Sardellenfilets darin bei mittlerer Hitze unter Rühren schmelzen. Den Knoblauch schälen, dazupressen und kurz mitbraten. Das Rübstielgemüse unterrühren.

Nudeln abgießen und etwas Kochwasser auffangen. Die Chilischote entkernen und in feine Röllchen schneiden. Alles miteinander vermengen. Falls die Mischung zu trocken ist, ein paar EL Kochwasser hinzufügen.

Basiswissen

Kohlgemüse wirkt entzündungshemmend und ist reich an Vitamin A, B, C und E.

Rübstieleintopf

vegetarisch

Das Gemüse putzen, waschen, abtropfen lassen und in mundgerechte Stücke schneiden. Kartoffeln schälen, waschen und klein würfeln. Schalotten oder Zwiebeln fein würfeln.

Die Butter in einem Topf erhitzen, Schalotten oder Zwiebel glasig dünsten, die Rübstiele unter Rühren 5 Minuten andünsten. Die Kartoffeln hinzufügen und weitere 5 Minuten mitdünsten. Mit Salz, Pfeffer und Muskat herzhaft würzen, die Gemüsebrühe dazu gießen. Zugedeckt bei milder Hitze 25 Minuten köcheln lassen.

Vor dem Servieren die Sahne einrühren und erhitzen.

1 kg Rübstiel

750 g Kartoffeln

2 Schalotten oder **1** Zwiebel, klein

2 EL Butter

Salz, Pfeffer

1 Msp. Muskat

500 ml Gemüsebrühe (siehe Rezept Seite 14)

150 ml Sahne

Sauerkohl

Eine Besonderheit des Sauerkohls ist vor allem auf dem Balkan beliebt. Es handelt sich um „Sarma“, das sind im Ganzen milchsauer vergorene Kohlköpfe oder auch große Blätter. Sie werden wie Kohlrouladen mit Fleisch, Reis, Bohnen und Paprika gefüllt und dann gegart. (kumbolder-kraut.at)

Geschichtete Sauerkohlblätter

1 Zwiebel

3 Knoblauchzehen

2 EL Öl

500 g Hackfleisch, gemischt

Salz, Pfeffer

2 EL Paprikapulver, edelsüß

1 EL Majoran

1 EL Kümmel

150 g Langkornreis

120 g Wurst, deftig (Debreziner oder geräucherte Hauswurst)

750 g Sauerkohlblätter („Sarma“, siehe Seite 101)

Fett für die Form

2 Lorbeerblätter

400 ml Fleischbrühe (siehe Rezept Seite 16)

250 g saure Sahne

5 EL Milch

Die Zwiebel fein würfeln, Knoblauch schälen. Öl in einer Pfanne erhitzen und die Zwiebelwürfel goldbraun braten. Hackfleisch dazu geben und unter Rühren krümelig braten. Den Knoblauch dazupressen und mitbraten. Mit Salz, Pfeffer, Paprika, Majoran und Kümmel würzen.

Den Reis in Salzwasser 5 Minuten vorgaren, Wasser abschütten. Die Wurst in Scheiben schneiden. Die Sauerkohlblätter (8–10 Stück) vom Strunk schneiden.

Eine ofenfeste Form ausfetten und mit der Hälfte der Sauerkohlblätter auslegen. Die Hackfleischmischung darauf verteilen, darauf den Reis geben. Die Wurstscheiben und die Lorbeerblätter darauf legen. Mit den restlichen Sauerkohlblättern bedecken. Die Fleischbrühe an den Rand der Form gießen. Saure Sahne mit Milch verrühren und kräftig mit Salz und Paprikapulver würzen. Auf die Sauerkohlblätter streichen.

In den kalten Backofen geben und bei 180 °C ca. 90 Minuten garen.

Variante: Statt Sauerkohlblätter kann man auch frische blanchierte Weißkohlblätter verwenden.

Sauerkohl-Rouladen mit Bohnen und Paprikafüllung

2 Paprikaschoten, rot

1 Zwiebel

100 g Bauchspeck, geräuchert

4 Knoblauchzehen

280 g Cannellini-Bohnen (Dose)

4 EL Olivenöl

Salz, Pfeffer

1 TL Paprikapulver, scharf

1 TL Paprikapulver, edelsüß

8 große Sauerkohl-Blätter („Sarma", siehe Seite 101)

50 g Tomaten, getrocknet, in Öl

2 EL Tomatenmark

150 ml Wasser

Die Paprikaschoten putzen, längs halbieren, etwas flach drücken und auf ein mit Backpapier belegtes Backblech legen. Unter dem Grill so lange rösten, bis die Haut schwarze Blasen wirft (dauert etwa 10 Minuten). Herausnehmen, auf einen Gitterrost legen. Mit feuchtem Küchenpapier bedecken und 5 Minuten stehen lassen. Dann die schwarze Haut abziehen und die Schoten klein schneiden.

Zwiebel und Bauchspeck fein würfeln, Knoblauch schälen, Bohnen abtropfen lassen, das Bohnenwasser von einer Dose aufbewahren.

In einer Pfanne 2 EL Olivenöl erhitzen und die Hälfte der Zwiebel- und Speckwürfel darin unter Rühren hellbraun braten, 2 Knoblauchzehen dazupressen, kurz mitbraten. Vom Herd nehmen und die Paprikaschoten-Würfel sowie die Bohnen untermischen. Salzen und pfeffern, mit den beiden Paprikasorten würzen.

Jeweils 2 Sarma-Blätter aufeinanderlegen und jeweils ein Viertel der Füllung in die Mitte geben, die Seiten zusammenklappen und von unten nach oben aufrollen. Mit Küchengarn zubinden. Die getrockneten Tomaten fein hacken.

In einem Topf das restliche Olivenöl heiß werden lassen, die Kohlrouladen mit der Nahtstelle nach unten einlegen. Die restlichen Zwiebel- und Speckwürfel darum verteilen und goldgelb braten, die Rouladen dabei von allen Seiten leicht braun werden lassen. Die restlichen Knoblauchzehen dazupressen und kurz mitbraten. Die getrockneten Tomaten und das Tomatenmark hinzufügen, umrühren. Das Bohnenwasser (150 ml) und weitere 150 ml Wasser angießen und alles im geschlossenen Topf eine Stunde garen, dabei die Rouladen einmal wenden.

Sauerkraut

*„... wofür sie besonders schwärmt,
wenn er wieder aufgewärmt."*

Wer kennt nicht diesen berühmten Ausspruch aus Wilhelm Buschs „Max & Moritz", genauer das Kapitel, in dem die beiden Lausbuben der Witwe Bolte einen bösen Streich spielen? Die Rede ist vom „Sauerkohle", den sie im Keller in einem Fass aufbewahrt und der aufgewärmt besonders bekömmlich und lecker ist.

Sauerkraut gilt als typisch „deutsch" – dabei waren die „Erfinder" die Elsässer, die wiederum von den Alemannen abstammen und so einer ganzen Nation zu einer Art kulinarischem Heiligtum verhalfen. Allerdings waren es nicht die Elsässer, die als Erste in Europa im 15. Jahrhundert Weißkohl einlegten – schon die alten Griechen und Römer kannten Methode und Wirkung. Wissenschaftler vermuten das erstmalige Auftreten des sauren Kohls in China, allerdings ohne genaue Zeitangabe. Historisch belegt hingegen ist die Quelle bei dem griechischen Arzt Hippokrates um 400 v. Chr. Der römische Autor Cato erwähnt besonders den gesundheitlichen Aspekt in seinem Werk „De agri cultura", sein „Kollege" Gaius Plinius Secundus beschreibt das Gemüse ausführlich in seinen „Naturalis historiae libri". Auch Kollege Plinius der Ältere erwähnte schon vor 2.000 Jahren die Herstellung von Sauerkraut. Unabdingbar und lebensrettend wurde das Sauerkraut auf See – ob nun Piraten oder Handelsschiffe die Weltmeere besegelten. Gegen den Vitamin-C-Mangel, der zum gefürchteten Skorbut und in der Folge zum Zahnausfall führt, hatte bereits Captain James Cook 1772 auf seiner dreijährigen Weltumsegelung Sauerkraut-Fässer dabei. Also wussten schon die ersten Weltumsegler um das „Superfood" Sauerkraut, das zu den gesündesten Lebensmitteln überhaupt zählt und fast weltweit beliebt ist.

Sauerkraut gilt mit anderen Lebensmitteln (z. B. Avocado, Papaya, Granatapfel, Goji-Beeren, Chia-Samen und Aroniabeeren) als „Superfood" – auch wenn wie üblich darüber gestritten wird, ob Sauerkraut wirklich wie eine potente Wunderwaffe gegen alle möglichen Krankheiten wirkt oder ob dahinter nicht nur Marketing-Strategien stecken. Wie auch immer: Sauerkraut ist extrem gesund! Was Witwe Bolte instinktiv ahnte – ob aufgewärmt, roh oder frisch gekocht ist eigentlich egal – Sauerkraut besitzt neben vielen Vitaminen eine probiotische Wirkung, die sich positiv auf das Immunsystem auswirkt. Seine wertvollen Inhaltsstoffe sollen dem Alterungsprozess vorbeugen und möglicherweise sogar vor Krebs schützen.

Roh entsaftetes Sauerkraut wirkt blutreinigend und kann bei rheumatischen Erkrankungen hilfreich sein. Außerdem fördert frisch gepresster Sauerkrautsaft – täglich ein Liter über den Tag verteilt getrunken – die Verdauung, lindert Ekzeme und Akne.

So wichtig ist gesäuertes Kraut zum Beispiel in Korea, dass der Herstellungsprozess 2013 von der UNESCO in die Liste des immateriellen Kulturerbes aufgenommen wurde. Rezepte für das traditionelle „Kimchi" existieren in großer Menge, und in Korea hat jede Familie ihr eigenes. Die Art und Weise der Herstellung werden traditionell von der Mutter an die Tochter weitergeben und bleibt so für Generationen erhalten. Im Vergleich zu „unserem" Sauerkraut ist Kimchi schärfer und würziger, denn es wird mit diversen Zutaten wie Paprika, Ingwer, Zwiebeln, Knoblauch und Früchten verfeinert. Kimchi wird meist nicht so fein gehobelt wie Sauerkraut, sondern in etwa fingerbreite Streifen.

Frisches Sauerkraut gibt es zwar beim Händler, beim Metzger oder im Supermarkt den ganzen Herbst und Winter über, es lohnt sich aber, die Herstellung einmal selbst zu versuchen:

Weiß- oder Spitzkohl wird fein geschnitten oder gehobelt und am besten in einem speziellen Sauerkrautgefäß geschichtet. Jede Schicht mit Salz und Gewürzen wie etwa Kümmel bestreuen. Das Ganze muss gestampft werden, damit die Zellen platzen, das im Kohl enthaltene Wasser austritt und Sauerstoff entweicht. Zwischen den Kohlstreifen sollte nun keine Luft mehr sein. Das Gefäß mit einem Deckel abdecken und mit einem Tuch umwickeln. Nun kann die Gärung einsetzen. Damit der Kohl während der Gärung unter Saft bleibt, beschwert man ihn zum Beispiel mit einem Stein oder mit einem Einmachglas voll Wasser. Nun gärt das Kraut an einem dunklen Ort ca. vier Wochen bei einer Temperatur von etwa 12–15 °C.

In Südtirol ist die Küche ohne Sauerkraut praktisch unvorstellbar. Seit Menschengedenken verarbeiten die Bauern hier Kohlköpfe zu Kraut, das besonders zur Törggelezeit aus allen Töpfen dampft.

Die größten Kohlfelder befinden sich im Vinschgau. Hier kümmern sich die Mitarbeiter der Firma Lechner von Mitte August bis Anfang November um Ernte und Vergärung der Kohlköpfe. Das Gleiche geschieht mit den Speiserüben, die Familie Lechner ebenfalls zu Rübenkraut verarbeitet. Die Felder befinden sich zwischen Laas und Prad. Hier putzen Erntehelfer die Kohlköpfe direkt auf dem Feld. Am nächsten Tag erfolgt das Einschneiden und Entfernen der Strünke. Dann werden die Köpfe gehobelt, gesalzen und in große Betonbecken gefüllt, wo das Kraut in zwei bis acht Wochen zu natürlichem, gesundem Sauerkraut heranreift. Der Familientradition verpflichtet, kümmert sich in Laas schon die dritte Generation darum, dass frisches Vinschger Bauern-Sauerkraut in Südtirol und den benachbarten Provinzen erhältlich ist. (info@lechner-bz.eu oder www.lechnerkraut.com)

Ziemlich ungewöhnlich scheint es, Sauerkraut, Grünkohl oder Rotkohl zu süßen Kuchen zu verarbeiten. Dabei ist es in anderen Weltgegenden durchaus üblich, aus vermeintlich „salzigen" Gemüsen süße Speisen zu bereiten. In Lateinamerika macht man etwa aus weißen oder roten Bohnen, aus Mais und unreifen Tomaten süße Cremes. Und Schokolade wird schon lange nicht mehr nur „pur" verzehrt, sondern erhält durch die Zugabe von Salz oder Chilischoten einen Extra-Kick. Auch Avocados lassen sich sowohl salzig als süß zubereiten. Nachdem wir viele Speisen auch gerne „süß-sauer" verzehren, ist es sicher einen Versuch wert, aus Kohl und seinen Verwandten ein überraschendes Dessert zu zaubern!

Sauerkrautsaft

vegan

Die Äpfel vierteln, vom Kerngehäuse befreien und mit Sauerkraut und Öl im Mixer 2–3 Minuten mixen.

Nach Geschmack mit Wasser verdünnen.

Varianten: Nur einen Apfel und dazu eine Banane verwenden oder die Äpfel durch Birnen ersetzen. Anstelle der Äpfel eignet sich auch eine halbe geschälte Ananas.

Tipp: Natürlich kann man auch fertig gekauften Sauerkrautsaft verwenden und ihn nach Belieben mit Früchten und anderem Gemüse mischen.

2 Äpfel, nicht zu sauer

250 g Sauerkraut

1 EL Öl (Traubenkern- oder Rapsöl)

Basiswissen

Sauerkrautsaft kann stark abführend wirken und eignet sich nicht als „Jeden Tag"-Drink oder als Langzeit-Kur.

Sauerkrautsalat mit Paprika

vegetarisch

250 g Sauerkraut

1 TL Honig

1 Paprikaschote, rot, entkernt und fein gewürfelt

1 Prise Paprikapulver, edelsüß

1 Spritzer Zitronensaft

Salz

je 2 EL Petersilie und Schnittlauch, fein geschnitten

100 ml Sahne

Das Sauerkraut mit Honig, Paprikaschote und -pulver und Zitronensaft gut vermischen, salzen und Kräuter unterrühren. Die Sahne halb steif schlagen und mit dem Sauerkraut mischen.

Variante: Sauerkrautsalat mit Äpfeln und Räucherfisch

Eine kleine Zwiebel und einen ungeschälten Apfel fein würfeln und mit dem Sauerkraut vermischen. Auf 4 Teller jeweils 4 Scheiben Räucherlachs und 4 Scheiben geräucherten Heilbutt legen, das Sauerkraut darübergeben. Eine Vinaigrette aus Apfelessig, Öl, Salz und Pfeffer sowie einer Prise Zucker zubereiten und darübergießen.

Variante: Sauerkrautsalat mit geräucherter Gänsebrust

Sauerkraut kurz in heißem Schmalz dünsten, einen gewürfelten Apfel hinzufügen. Aus Rapsöl, mildem Essig, Salz, Pfeffer und Sahne ein Dressing rühren und mit dem Kraut vermischen. Mit Scheiben von geräucherter Gänsebrust garnieren und kalt servieren.

Sauerkrautsuppe

vegetarisch

Die Zwiebel fein würfeln, die Butter zerlassen und die Zwiebelwürfel darin goldgelb braten. Das Sauerkraut hinzufügen, etwa 1 l Wasser angießen, die Gewürze zugeben und alles zugedeckt 15 Minuten köcheln lassen.

Die saure Sahne in die Suppe rühren und Petersilie sowie Brotwürfel darüberstreuen.

Variante: Deftiger und nicht vegetarisch wird die Suppe, wenn man mit den Zwiebelwürfeln auch Würfel von geräuchertem Bauchspeck mitbrät und die Suppe mit geräucherten, in Scheiben geschnittenen Würstchen serviert.

Nach Belieben kann man auch in kleine Stücke geschnittene rohe Kartoffeln mitkochen.

Tipp: Diese Suppe ist eine gute Resteverwertung für übrig gebliebenes Sauerkraut.

1 Zwiebel

40 g Butter

400 g Sauerkraut

1 l Wasser

1 TL Kümmel

1 TL Wacholderbeeren

1 Lorbeerblatt

100 g saure Sahne

Petersilie

Vollkornbrot-Würfel, in Butter geröstet

Mit Sauerkraut gefüllte Paprikaschoten

vegetarisch

Für 3 Personen

je 1 rote, gelbe und grüne Paprikaschote

1 Zwiebel

1 Apfel

4–6 EL Olivenöl

400 g Sauerkraut

75 g Rosinen

300 ml Gemüsebrühe (siehe Rezept Seite 14)

200 g saure Sahne

75 g Pinienkerne

Paprikaschoten um den Stielansatz einschneiden, Stielansatz, Scheidewände und Kerne entfernen. Die Paprikaschote sollte dabei aber ganz bleiben. Die Zwiebel fein würfeln, den Apfel schälen, vierteln, entkernen und ebenfalls fein würfeln. 3 EL Olivenöl in einem Topf erhitzen, die Zwiebelwürfel darin hellgelb anschwitzen. Das Sauerkraut hinzufügen und 5 Minuten unter gelegentlichem Rühren mitbraten. Rosinen und Apfelstückchen hinzufügen, mit 150 ml Gemüsebrühe auffüllen, 150 g saure Sahne hinzufügen, umrühren und zugedeckt 20 Minuten dünsten, leicht abkühlen lassen.

Die Pinienkerne in einer Pfanne ohne Fett unter Rühren goldbraun braten, unter das Sauerkraut mischen. Das Sauerkraut in die Paprikaschoten füllen. Das restliche Olivenöl in einem Topf erhitzen und die Paprikaschoten von allen Seiten anbraten.

In eine ofenfeste Form setzen, in der die Schoten gerade genug Platz haben und mit der restlichen Gemüsebrühe begießen. Im vorgeheizten Backofen bei 180 °C 30 Minuten garen. Die restliche saure Sahne auf den Schoten verteilen und weitere 10 Minuten garen.

Dazu passt Kartoffelpüree.

Variante: anstelle von Sauerkraut Weißkohl verwenden

Sauerkraut-Quinoa-Bratlinge

vegan

Das Sauerkraut in einem Sieb gut ausdrücken und in eine Schüssel geben. Quinoa unter fließendem Wasser gründlich waschen, abtropfen lassen und in einen Topf geben. Die Brühe aufkochen, Quinoa hinzufügen, umrühren und offen etwa 20 Minuten bei Mittelhitze garen, bis die Flüssigkeit verdampft ist.

Die Zwiebel schälen, fein würfeln und in 2 EL Öl unter Rühren goldgelb braten. Die Nüsse nicht zu fein mahlen und mit den Zwiebelwürfeln und dem Kümmel zur Quinoa geben. Mit dem Sauerkraut gut vermischen und 15 Minuten durchziehen lassen. Dann mit feuchten Händen etwa 16–18 flache Bratlinge formen. Restliches Öl in einer Pfanne erhitzen und die Bratlinge darin bei Mittelhitze auf jeder Seite 4–5 Minuten braten.

Dazu passt Kartoffelpüree.

200 g Sauerkraut

250 g Quinoa

500 ml Gemüsebrühe, kräftig gewürzt (siehe Rezept Seite 14)

1 Zwiebel, klein

8 EL Samenöl

30 g Walnusskerne

½ **TL** Kümmel, gemahlen

Krautknöpfle

300 g Mehl

3 Eier

125 ml Milch

Salz

2 Zwiebeln

1–2 EL Butter

250 g Sauerkraut

250 g Rübenkraut

1 TL Zucker

2 Lorbeerblätter

3 Wacholderbeeren

250 ml Apfelsaft

1 EL Butter

Das Mehl in eine Schüssel geben, die Eier verquirlen und hinzufügen. So viel Milch zugießen, dass ein glatter Teig entsteht. Salzen. In einem Topf Salzwasser aufkochen und die Knöpfle mithilfe eines Spätzlesiebs hineingleiten lassen. Aufkochen und 2 Minuten köcheln lassen, abgießen.

Die Zwiebeln fein würfeln, die Hälfte davon in der Butter andünsten, Sauer- und Rübenkraut hinzufügen, durchrühren, Zucker und Gewürze dazugeben und alles 2–3 Minuten braten. Mit dem Apfelsaft ablöschen und zugedeckt 25 Minuten garen.

Die restlichen Zwiebelwürfel in Butter schön goldbraun braten.

Die Knöpfle mit dem Kraut vermischen, in eine Schüssel füllen und mit den gebratenen Zwiebeln bestreuen.

Variante: Wenn man kein Rübenkraut hat, kann man auch nur Sauerkraut verwenden.

Sauerkraut mit Kichererbsen

vegan

Zwiebel fein würfeln, Knoblauch schälen. Olivenöl in einem Topf erhitzen und die Zwiebelwürfel darin hellbraun anbraten. Knoblauch dazupressen und kurz mitbraten. Das Sauerkraut hinzufügen und unter Rühren 2–3 Minuten braten. Mit der Gemüsebrühe ablöschen, Gewürze hinzufügen und zugedeckt 20 Minuten dünsten. 10 Minuten vor Ende der Garzeit die Paprikaschote putzen, entkernen, in mundgerechte Stücke schneiden und in den Topf geben. 5 Minuten vor Ende der Garzeit die abgetropften Kichererbsen zum Kraut geben. Mit Salz und Pfeffer abschmecken.

Mit Salzkartoffeln oder körnig gekochtem Reis servieren.

Passt auch gut als Beilage zu Lammwürstchen (Merguez) oder zu Lammkoteletts.

1 Zwiebel

2 Knoblauchzehen

2 EL Olivenöl

500 g Sauerkraut

250 ml Gemüsebrühe (siehe Rezept Seite 14)

½ TL Kreuzkümmel, gemahlen

½ TL Koriandersamen, gemahlen

1–2 EL Paprikapulver, edelsüß

1 Chilischote, klein, getrocknet

1 Paprikaschote, klein, rot

140 g Kichererbsen (Dose)

Salz, Pfeffer

Basiswissen

Sauerkraut besitzt neben vielen Vitaminen eine probiotische Wirkung, die sich positiv auf das Immunsystem auswirkt.

Schupfnudeln mit Weinkraut

vegetarisch

Für die Schupfnudeln:

500 g Kartoffeln, mehlig

2 Eigelbe

Salz

1 Msp. Muskat

120 g Mehl

50 g Mohn

25 g Walnusskerne

50 g Butter

Für das Weinkraut:

1 Zwiebel

1 EL Zucker

1 EL Butter

1 Apfel

500 g Sauerkraut

250 ml Weißwein

Kümmel

Für die Schupfnudeln die Kartoffeln in der Schale gar kochen, möglichst heiß schälen und durch die Kartoffelpresse drücken. Etwas auskühlen lassen. Mit Eigelb vermengen, salzen, Muskat hinzufügen und mit dem Mehl verkneten. Schupfnudeln formen und in leicht gesalzenem Wasser gar ziehen lassen.

Den Mohn in einer trockenen Pfanne unter Rühren rösten, bis er duftet. Die Walnusskerne hacken. Die Butter in einer Pfanne schmelzen und leicht bräunen. Mohn und Nüsse mit der Butter vermischen, etwas salzen und über die Schupfnudeln geben.

Für das Kraut die Zwiebel fein würfeln und mit dem Zucker in der Butter glasig dünsten. Den Apfel schälen, vom Kerngehäuse befreien und in Stückchen schneiden. Zu den Zwiebeln geben und kurz mitrösten. Das Kraut hinzufügen und unter Rühren anrösten, den Weißwein angießen, nach Geschmack mit Kümmel würzen. Zugedeckt 20–25 Minuten dünsten.

Zu den Mohnnudeln servieren.

Buchweizen-Blinis mit Sauerkraut und Lachskaviar

Die beiden Mehlsorten in einer Schüssel vermischen, die Butter zerlassen, die Eier verquirlen. Die Hefe mit Zucker im lauwarmen Wasser auflösen und mit Butter, den Eiern und einer Prise Salz zum Mehl geben und alles gut verquirlen. Eine halbe Stunde zugedeckt rasten lassen.

Das Sauerkraut in der Butter andünsten, mit wenig Wasser oder Gemüsebrühe ablöschen und 20 Minuten dünsten. Die saure Sahne unterrühren und kurz aufkochen lassen.

Butter in einer Pfanne erhitzen und pro Blini etwa 2–3 EL Teig in die Pfanne gießen. 2–3 Minuten braten, dann wenden und weitere 2 Minuten goldbraun braten. Im vorgeheizten Backofen warm halten, bis alle Blinis gebacken sind.

Die Blinis nebeneinander auf eine Servierplatte legen, das Sauerkraut daraufsetzen und mit Lachskaviar garnieren.

125 g Mehl

125 g Buchweizenmehl

25 g Butter

2 Eier

25 g Hefe

1 Msp. Zucker

125 ml Wasser, lauwarm

1 Prise Salz

250 g Sauerkraut

1–2 EL Butter

2–3 EL Wasser oder Gemüsebrühe (siehe Rezept Seite 14)

200 g saure Sahne

Butter zum Braten

Lachskaviar nach Belieben

Basiswissen

Gegen den Vitamin-C-Mangel, der zum gefürchteten Skorbut und in der Folge zum Zahnausfall führt, hatte bereits Captain James Cook 1772 auf seiner dreijährigen Weltumsegelung Sauerkraut-Fässer dabei.

Tirteln (Tirtlan)*

vegetarisch

Für den Teig:

150 g Roggenmehl

250 g Mehl

1 EL Samenöl

Salz

1 EL Milch

Für die Füllung:

200 g Sauerkraut, gekocht, gewürzt (siehe Seite 122, gepökelte Schweinshaxen)

Öl zum Ausbacken

Aus beiden Mehlsorten mit Öl, Salz und etwas Milch einen festen Teig kneten. Eine halbe Stunde rasten lassen. Eine lange Rolle formen, in Scheiben schneiden und jede Scheibe mit dem Nudelholz rund ausrollen. Die ausgerollten Scheiben sollten einen Durchmesser von ca. 10–15 cm haben. 2 EL Sauerkraut darauf geben. Mit einem anderen „Tirtl" bedecken, fest andrücken, sodass auch die Ränder gut verschlossen sind, und in heißem Öl schwimmend backen.

Tipp: Der Teig ist umso leichter behandelbar, je länger er rastet. Das Sauerkraut für die Fülle sollte ziemlich trocken sein, weil es sonst den Teig durchnässt. Das gibt dann Probleme beim Backen. Und übrigens kann man den Teig auch gut mit der Nudelmaschine (die mit Handkurbel) austreiben und dann in runde Blätter schneiden.

* Dieses Rezept wurde freundlicherweise von Familie Lechner, Laas, zur Verfügung gestellt.

Sauerkraut-Tarte mit Räucherfisch-Paté

Für den Teig alle Zutaten miteinander verkneten, 1 Stunde kalt stellen.

Die Zwiebel fein würfeln. Das Schmalz in einem Topf erhitzen, die Zwiebelwürfel darin unter Rühren goldgelb braten. Das Sauerkraut hinzufügen und 1–2 Minuten unter Rühren mitbraten. Etwas abkühlen lassen. Die Eier verquirlen und mit der sauren Sahne verrühren, salzen und pfeffern. Unter das Kraut mischen.

Den Teig auf einer bemehlten Fläche ausrollen. Die Tarteform mit Butter ausfetten, den Teig hineinlegen. Das Kraut draufgeben und glatt streichen. Im vorgeheizten Backofen bei 220 °C etwa 40 Minuten goldbraun backen.

Das Forellenfilet in Stücke schneiden und im Blitzhacker pürieren. Mit der crème fraîche gut verrühren und mit Pfeffer, Zitronensaft und Meerrettich abschmecken.

Die Tarte auf Tellern verteilen, vom Paté Nocken abstechen und danebenlegen.

Mit Forellenkaviar garnieren.

Für eine Tarteform von 26 cm Durchmesser

Für den Teig:

200 g Mehl

100 g Roggenmehl

150 g Butter

50 g Schweineschmalz

3 Eigelbe

Salz

Fett für die Form

Für den Belag:

1 Zwiebel, klein

2 EL Schweineschmalz

500 g Sauerkraut

2 Eier

180 g saure Sahne

Salz, Pfeffer

Für den Paté:

250 g Forellenfilet, geräuchert

250 g crème fraîche

Pfeffer

1 TL Zitronensaft

1–2 EL Meerrettich (aus dem Glas)

3–4 EL Forellenkaviar

Mit Sauerkraut gefüllte Kartoffeltaschen

vegetarisch

Für 12 Stück

Für den Teig:

1,2 kg Kartoffeln, mehlig

50 g Butter

3 Eigelbe

Salz, weißer Pfeffer

Muskat

250 g Mehl

Mehl zum Bearbeiten des Teiges

Für die Füllung:

1 Zwiebel, klein

1 EL Butter

300 g Sauerkraut, gut abgetropft

2–3 EL Wasser

4 EL Rapsöl

2 EL Butter

Die Kartoffeln in der Schale weich kochen, ausdämpfen lassen und so heiß wie möglich schälen. Durch die Kartoffelpresse in eine Schüssel drücken, etwas auskühlen lassen. Mit Butter, Eigelb, Salz, Pfeffer und Muskat vermengen. Das Mehl unterkneten.

Zwiebel fein würfeln und in der Butter glasig dünsten. Das Kraut hinzufügen und unter Rühren bei Mittelhitze hellbraun anbraten. Wasser hinzufügen und zugedeckt bei schwacher Hitze 10–15 Minuten dünsten. Die Mischung abkühlen lassen.

Die Arbeitsplatte mit Mehl bestäuben. Mit bemehlten Händen jeweils ein Stück Teig abnehmen, in der Handfläche ein wenig ausbreiten und einen Löffel Sauerkrautfüllung daraufgeben. Den Teig vorsichtig darüber einklappen und zudrücken. Falls nötig, etwas Mehl hinzufügen. Die fertigen Taschen auf die Platte legen. Öl und Butter in einer großen Pfanne erhitzen und die Teigtaschen darin bei Mittelhitze von beiden Seiten goldbraun braten.

Dazu passen grüner oder gemischter Salat oder Bratwürste.

Riesling-Sahne-Kraut

vegetarisch

Die Zwiebel fein würfeln. Die Butter in einem Topf zerlassen und die Zwiebelwürfel darin hellgelb anschwitzen. Das Sauerkraut hinzufügen und unter Rühren 5 Minuten dünsten. Mit dem Wein ablöschen.

Den Apfel schälen, entkernen, vierteln, fein würfeln und zum Kraut geben. Lorbeer und Zucker dazugeben und 20–25 Minuten köcheln lassen.

Die Sahne angießen und alles 5–10 Minuten offen einkochen lassen.

Passt gut zu Braten.

1 Zwiebel, klein, oder **2** Schalotten

30 g Butter

500 g Sauerkraut

250 ml Riesling

1 Apfel, klein

1 Lorbeerblatt

½ **TL** Zucker

100 ml Sahne

Krautfleisch mit Paprika

750 g Schweinelende, küchenfertig

2 Paprikaschoten, rot

1 Zwiebel

3 Knoblauchzehen

50 g Bauchspeck, geräuchert

2–3 EL Schweineschmalz

Salz, Pfeffer

550 g Sauerkraut

1 Lorbeerblatt

1 EL Kümmel

2–3 EL Paprikapulver, edelsüß

1 TL Paprikapulver, scharf

250 ml Hühner- oder Fleischbrühe (siehe Rezept Seite 15 bzw. Seite 16)

100 g saure Sahne

Die Schweinelende in mundgerechte Stücke schneiden.

Die Paprikaschoten putzen, halbieren, Kerne entfernen. Die Paprikahälften auf ein mit Alufolie ausgekleidetes Backblech legen und solange grillen, bis die Haut schwarze Blasen wirft – das dauert etwa 10 Minuten. Herausnehmen, auf einen Teller legen und mit feuchtem Küchenpapier bedecken. Nach circa 5 Minuten das Küchenpapier entfernen und die schwarze Haut abziehen. Paprikaschoten in mundgerechte Stücke schneiden.

Die Zwiebel fein würfeln, den Knoblauch schälen, den Speck ebenfalls fein würfeln. Das Schmalz in einem Topf erhitzen und die Fleischstücke darin bei starker Hitze rundum braun braten, salzen und pfeffern. Herausnehmen und im verbliebenen Fett die Zwiebelwürfel goldbraun braten. Den Knoblauch dazupressen, den Speck hinzufügen und unter Rühren ein paar Minuten mitbraten. Fleisch, Sauerkraut, Gewürze und Paprikapulver hinzufügen, die Brühe angießen und alles zugedeckt bei schwacher Hitze 30–45 Minuten köcheln lassen. Hin und wieder umrühren. 10 Minuten vor Ende der Garzeit die Paprikaschoten-Stücke zum Krautfleisch geben.

Das Krautfleisch auf Tellern anrichten und jeden Teller mit einem Klecks saure Sahne garnieren.

Mit Salzkartoffeln servieren.

Basiswissen

Sauerkraut ist ein „Superfood", das zu den gesündesten Lebensmitteln überhaupt zählt und fast weltweit beliebt ist.

Gepökelte Schweinshaxen mit Sauerkraut

3 Zwiebeln

3 l Wasser

6 Lorbeerblätter

1 EL Pfefferkörner

4 Pimentkörner

½ TL Zucker

4 Schweinshaxen, gepökelt („Eisbein“)

2 EL Schweine- oder Butterschmalz

750 g Sauerkraut

4 Wacholderbeeren

Die Zwiebeln schälen und halbieren. Das Wasser in einen Topf füllen, 4 Lorbeerblätter, 4 Zwiebelhälften, Pfeffer- und Pimentkörner sowie Zucker hinzufügen. Aufkochen lassen, die Schweinshaxen hineinlegen. Bei milder Hitze im geschlossenen Topf 90 Minuten köcheln lassen. Herausnehmen und die Brühe durchseihen. Die restliche Zwiebel fein würfeln, in heißem Schweine- oder Butterschmalz goldgelb braten. Das Sauerkraut hinzufügen, 2 Lorbeerblätter und die Wacholderbeeren hinzufügen. Gut vermischen, die Schweinshaxen auf das Kraut legen und alles im geschlossenen Topf 45 Minuten garen.

Dazu passen Knödel (mit oder ohne Speck) oder auch Salzkartoffeln und Erbsenpüree (aus getrockneten Erbsen).

Zur opulenten Schlachtplatte wird das Gericht, wenn man statt der bzw. neben den gepökelten Haxen eine Mischung aus Sur- und Selchfleisch, geräucherten Würsten, Blut- und Leberwürsten und gekochtem Speck serviert.

Schweinefilet auf Karotten-Sauerkraut

600 g Schweinefilet

1 EL Butterschmalz

Salz, Pfeffer

1 Zwiebel

1 Karotte, groß

1 EL Schweineschmalz

400 g Sauerkraut

2 Lorbeerblätter

4 Pimentkörner

125 ml Gemüsebrühe (siehe Rezept Seite 14)

200 ml Sahne

2 EL Senf

1 TL Paprikapulver, edelsüß

Das Fleisch pfeffern, salzen und in heißem Butterschmalz von allen Seiten braun anbraten.

In eine passende ofenfeste Form legen und im vorgeheizten Backofen bei 175 °C 20–30 Minuten garen.

Die Zwiebel fein würfeln, die Karotte schälen und in feine Würfel schneiden. Das Schmalz zerlassen und Zwiebel- und Karottenwürfel darin unter Rühren etwa 6 Minuten dünsten. Das Sauerkraut und die Gewürze hinzufügen, die Brühe angießen und zugedeckt 15 Minuten dünsten. Sahne, Senf und Paprikapulver unterrühren. Das Fleisch in Scheiben schneiden und auf dem Kraut anrichten.

Dazu passen Knödel oder Graupen.

Putenbrust mit Sauerkraut und Kidney-Bohnen

Das Putenfleisch würfeln und in dem heißen Öl von allen Seiten scharf anbraten. Die Zwiebeln fein würfeln, die Lauchstange (nur das Weiße und Hellgrüne) in Ringe schneiden. Das Putenfleisch aus der Pfanne nehmen und Zwiebel und Lauch im Öl unter Rühren etwa 2–3 Minuten braten. Den Knoblauch schälen, dazupressen und kurz weiterbraten. Das Sauerkraut hinzufügen, die Brühe angießen und alles zugedeckt 20–30 Minuten garen. Die Bohnen abtropfen lassen und zusammen mit dem Putenfleisch 5 Minuten vor Ende der Garzeit in den Topf geben.

Mit Sambal Oelek, Salz, Pfeffer und Sojasoße abschmecken und mit Reis oder Kartoffelpüree servieren.

1 kg Putenbrust

3–4 EL Samenöl

2 Zwiebeln

1 Stange Lauch

2 Knoblauchzehen

750 g Sauerkraut

600 ml Hühnerbrühe (siehe Rezept Seite 15)

140 g Kidney-Bohnen (Dose)

1 TL Chilipaste (Sambal Oelek)

Salz, Pfeffer

2–3 EL süße Sojasoße

Kabeljau mit Sauerkraut

1 Zwiebel

2 Knoblauchzehen

1 EL Schweineschmalz

750 g Sauerkraut

1 EL Kümmel

1–2 TL Majoran, getrocknet

250 ml Wasser

600 g Kabeljaufilets

Die Zwiebel schälen und fein würfeln, den Knoblauch schälen. Das Schmalz in einem Topf erhitzen, die Zwiebelwürfel hinzufügen und unter Rühren goldgelb braten. Den Knoblauch dazupressen und kurz mitbraten. Das Sauerkraut dazugeben, umrühren und unter Rühren ein paar Minuten dünsten. Gewürze hinzufügen, mit dem Wasser aufgießen und geschlossen 30–40 Minuten dünsten.

Den Kabeljau in 4–6 Stücke teilen, auf dem Sauerkraut verteilen und etwa 10 Minuten bei milder Hitze garen.

Dazu schmecken Salz- oder Bratkartoffeln.

Stockfisch mit Rahmkraut

Die Zwiebel würfeln. 2 EL Butterschmalz in einem Topf erhitzen und die Hälfte der Zwiebelwürfel darin unter Rühren goldgelb braten. Das Sauerkraut hinzufügen und unter Rühren kräftig anbraten. Mit Wasser aufgießen, Lorbeer, Kümmel und Majoran hinzufügen und zugedeckt etwa 30 Minuten bei schwacher Hitze garen.

Das restliche Butterschmalz in einer Pfanne erhitzen und die restlichen Zwiebelwürfel darin hellgelb anbraten, den Knoblauch schälen, dazupressen und kurz mitbraten. Den Stockfisch in 4–6 Stücke teilen und in die Pfanne geben. Mit Majoran und Pfeffer kräftig würzen, die crème fraîche einrühren und alles etwa 5–6 Minuten bei Mittelhitze köcheln lassen. Das Sauerkraut auf Tellern anrichten, den Stockfisch mit der Rahmsoße getrennt dazu reichen und mit Petersilie bestreuen.

Mit Kartoffelpüree servieren.

1 Zwiebel

4 EL Butterschmalz

500 g Sauerkraut

250 ml Wasser

1 Lorbeerblatt

½ **TL** Kümmel

1 TL Majoran, getrocknet

2 Knoblauchzehen

500 g gewässerter Stockfisch, ohne Haut und Gräten

½ **TL** Majoran

weißer Pfeffer

125 g crème fraîche (ersatzweise saure Sahne)

Petersilie

Sauerkraut-Tarte mit Topfencreme und Ananas

vegetarisch

Für eine runde Tarteform von ca. 32 cm Durchmesser

230 g Blätterteig (rund, aus dem Kühlregal)

20 g Butter

1 kleine Ananas (ca. 1 kg)

200 g Sauerkraut

1 Ei

1 Eigelb

100 g Zucker

1 Prise Salz

250 g Quark

250 g Mascarpone

3 EL Zucker, braun

Den Blätterteig mit dem anhaftenden Backpapier in eine kalt ausgespülte runde Tarteform legen. Mit zerlassener Butter bestreichen.

Die Ananas schälen, die braunen „Augen“ entfernen, Frucht in ½ cm dicke Scheiben schneiden, den Strunk in der Mitte herausschneiden.

Das Sauerkraut gründlich unter fließendem Wasser waschen, gut ausdrücken und klein schneiden.

Ei und Eigelb mit Zucker und Salz mit dem Handmixer zu einer hellgelben, dicklichen Creme aufschlagen. Quark und Mascarpone einrühren. Mit dem Sauerkraut gut vermischen. Die Creme auf dem Teigboden verteilen und glattstreichen.

Die Ananasscheiben auf die Creme legen. Den Ofen auf 225 °C vorheizen und die Tarte 15 Minuten auf der Mittelschiene backen. Die Hitze auf 175 °C herunterschalten und weitere 60 Minuten backen. Falls nötig, mit Alufolie abdecken. Den braunen Zucker darüber streuen und weitere 10 Minuten offen backen.

Lauwarm servieren. Die Tarte schmeckt am besten frisch.

Schokoladen-Sauerkraut-Kuchen

vegetarisch

Das Sauerkraut waschen, auswringen und mit dem Messer fein hacken. Mehl, Kakaopulver, Backpulver und Salz verrühren. Die Butter mit dem Zucker verrühren, die Eier einzeln hinzufügen und alles zu einer cremigen Masse aufschlagen. Nach und nach die Eimasse, das Sauerkraut, die Schokolade und den Kaffee zur Mehlmischung geben und alles miteinander verrühren.

Eine Kastenform ausfetten und bemehlen (oder mit Backpapier auslegen). Den Teig einfüllen und im vorgeheizten Backofen bei 180 °C etwa 75 Minuten backen. Die Oberfläche mit Backpapier abdecken, sollte der Kuchen zu dunkel werden. In der Form auskühlen lassen und mit Puderzucker bestäuben.

220 g Sauerkraut

250 g Mehl

50 g Kakaopulver, ungesüßt

1 TL Backpulver

1 Prise Salz

120 g Butter, weich

280 g Zucker

3 Eier

50 g Schokolade, edelbitter, geschmolzen

100 ml Kaffee

Sauerkraut-Apfel-Torte

vegetarisch

Für die Torte:

4 Eier

300 g Zucker, braun

1 Prise Salz

420 g Sauerkraut

200 g Butter

100 g Mandeln, geschält

100 g Haselnüsse

3 Äpfel, säuerlich, aromatisch (einer davon mit roter Schale)

400 g Mehl

2 TL Backpulver

Für die Zimtsahne:

200 ml Sahne

3 EL Puderzucker

50 g saure Sahne

1 TL Zimt

Eier mit dem Zucker und Salz zu einer cremig-dicklichen Masse aufschlagen. Das Sauerkraut abspülen, gut ausdrücken und klein schneiden. Die Butter zerlassen. Die Nüsse nicht zu fein mahlen. Zwei Äpfel schälen und bis zum Kerngehäuse in die Eimasse reiben. Mehl mit Backpulver mischen und mit den Nüssen und dem Sauerkraut zur Eimasse geben. Das Kerngehäuse vom roten Apfel ausstechen und den Apfel mit der Schale in feine Ringe schneiden. Den Teig in eine mit Backpapier ausgelegte Springform geben, die Apfelscheiben darauf verteilen. Im vorgeheizten Backofen bei 180 °C etwa eine Stunde backen, sollten die Apfelringe zu braun werden, mit Alufolie oder Backpapier abdecken.

Für die Zimtsahne die Sahne mit dem Puderzucker nicht ganz steif schlagen, mit der sauren Sahne und dem Zimt verrühren. Den Kuchen in der Form auskühlen lassen. Vor dem Servieren mit Puderzucker bestäuben und mit der Zimtsahne servieren.

Tipp: Besonders gut schmeckt der Kuchen, wenn man als Beilage mit Butter und Zucker karamellisierte Apfelscheiben reicht.

Variante: mit Nuss-Glasur

250 g Frischkäse mit 200 ml steif geschlagener Sahne mischen. 150 g Puderzucker, 1 Teelöffel abgeriebene Orangenschale, 1 Msp. Zimt und 1 EL Vanillezucker hinzufügen, je 100 g gehackte Nüsse und winzige Apfelstückchen unterrühren. Diese Mischung auf dem Kuchen und rundherum verstreichen. Eine Stunde kalt stellen.

Steckrüben

Die bis zu 1,5 kg schwere Kohl- oder Steckrübe mit weiß- bis gelbfarbenem Inneren und mit blaugrünen Blättern ist eine Unterart des Rapses und eine Kreuzung von Speiserübe und Kohlrabi. Sie gedeiht weltweit in allen gemäßigten Zonen und wird bei uns im Oktober und November geerntet. Lange Zeit war sie ein wenig in Vergessenheit geraten, feiert gerade aber ihr Comeback. Die Rübe ist ein anspruchsloses Gemüse und wird auch als Viehfutter verwendet, dabei ist sie – richtig zubereitet – sehr schmackhaft. Lange Zeit galt die Rübe als öder Sattmacher und nur mit reichlich fettem Fleisch überhaupt genießbar. In die Geschichte eingegangen ist die Kohlrübe im Kriegswinter 1916/1917, als in Deutschland nach einer Kartoffel-Missernte eine Hungersnot drohte. Nur den Steckrüben, die damals hauptsächlich an Schweine verfüttert wurden und als einziges Gemüse überhaupt vorhanden waren, verdankte ein Großteil der Bevölkerung ihr Überleben. Damals gab es so gut wie nichts anderes als Rüben – unsere Urgroßeltern könnten uns viel erzählen, wenn sie denn noch könnten! Es gab eigene Kohlrüben-Kochbücher mit Rezepten für Rübenmarmelade, Rübenkraut als Sauerkrautersatz und sogar Rübenkaffee. „Morgens Kohlrübensuppe, mittags Kohlrüben-Koteletts, abends Kohlrübenkuchen“, hieß es. Mit der Bezeichnung „Ostpreußische Ananas“ versuchte man, der Kohlrübe ein schmackhaftes Image zu verleihen – wahrscheinlich vergebens.

Von dieser „Ananas“ gibt es weiß- und gelbfleischige Sorten. Die weißen werden hauptsächlich als Viehfutter verwendet, wogegen sich die gelbfleischigen ganz wunderbar für die Herbst- und Winterküche eignen. Ihre zartbittere Süße machen sie auch für Feinschmecker zu etwas Besonderem. Sie lassen sich zu Suppen, Beilagen und Aufläufen mit oder ohne Fleisch verarbeiten, sind sehr kalorienarm, dabei mineralstoff- und vitaminreich.

Steckrübengemüse

vegetarisch

750 g Steckrüben

3–4 EL Butterschmalz

2 EL Zucker

Salz, Pfeffer

250 ml Gemüsebrühe (siehe Rezept Seite 14)

1–2 EL saure Sahne oder crème fraîche

evtl. etwas Speisestärke

2 Stiele Thymian (ersatzweise 1 TL getrockneter)

Die Rüben waschen, schälen und würfeln. Das Fett in einem Topf erhitzen und den Zucker darin hellbraun karamellisieren lassen. Rübenwürfel dazu geben, umrühren und kurz mitbraten. Salzen, pfeffern, die Brühe angießen und alles zugedeckt bei kleiner Hitze weich garen.

Die saure Sahne hinzufügen und nach Belieben mit in Wasser angerührter Speisestärke binden.

Mit Thymianblättchen bestreuen.

Variante: Rübenpüree

Die Rüben wie oben zubereiten und pürieren. Gut schmeckt auch eine Mischung aus Rüben und Kartoffeln.

Dazu passt kurz gebratenes Fleisch und/oder ein gemischter Salat.

Bandnudeln mit Steckrüben und Orangen

vegetarisch

Die Rüben schälen und in 0,5 Zentimeter breite und 4 cm lange Stifte schneiden. Ingwer schälen und fein hacken, Zwiebel fein würfeln, von der Hälfte der Orange die Schale abreiben, dann die Orange auspressen.

Die Butter zerlassen, Ingwer und Zwiebelwürfel darin unter Rühren andünsten. Steckrübenstifte hinzufügen und unter gelegentlichem Wenden zugedeckt bei milder Hitze 10 Minuten köcheln lassen. Mit Salz, Pfeffer und Zucker würzen. Mit Orangensaft begießen, die abgeriebene Orangenschale hinzufügen und weitere 3–4 Minuten garen.

Die Nudeln nach Packungsanweisung bissfest garen, abtropfen lassen, mit etwas Olivenöl vermengen, mit den Rüben vermischen und mit Koriandergrün bestreuen. Wer kein Koriandergrün mag oder es nicht bekommt, kann auch Petersilie oder Schnittlauch verwenden.

Für 2 Personen

600 g Steckrüben

20 g Ingwer

1 Zwiebel, klein

1 Orange, groß

20 g Butter

Salz, Pfeffer

1 Msp. Zucker

200 g Bandnudeln

Koriandergrün

Steckrüben-Eintopf

600 g Schweinenacken

2 Zwiebeln

2 Knoblauchzehen

1 kg Kartoffeln

1 kg Steckrüben

2–3 EL Schweineschmalz

1 l Fleischbrühe (siehe Rezept Seite 16)

Salz, Pfeffer

1 Msp. Zucker

2 TL Beifuß, getrocknet

Das Fleisch in mundgerechte Würfel schneiden, die Zwiebeln schälen und fein würfeln, den Knoblauch schälen. Kartoffeln und Steckrüben putzen, schälen, waschen und ebenfalls in mundgerechte Stücke schneiden.

Das Schmalz erhitzen und das Fleisch darin unter Rühren von allen Seiten kräftig braun anbraten, die Zwiebelwürfel hinzufügen und mitbraten, den Knoblauch dazupressen. Kartoffel- und Rübenstücke hinzufügen und alles unter Rühren 5 Minuten braten, dann mit der heißen Brühe ablöschen. Halb zugedeckt bei milder Hitze 50 Minuten köcheln lassen.

10 Minuten vor Ende der Garzeit den Beifuß hinzufügen.

Weißkohl und Spitzkohl

Zu den beliebtesten Mitgliedern der Kohl-Familie gehört der Weißkohl. Das wundert nicht, denn er ist vielseitig zu verarbeiten, reich an Vitamin C und Mineralstoffen, das ganze Jahr über erhältlich und dazu preiswert. Als Grundlage für sowohl deftige als auch elegante Speisen und zur Zubereitung von Sauerkraut ist er besonders in der kalten Jahreszeit begehrt. Schon die Römer kannten die weißen bis hellgrünen Kohlköpfe. In früheren Zeiten war Kohl allerdings längst nicht so schmackhaft und zart wie heute. Damals waren die Blätter dick und rau, der Geschmack eher bitter. Deshalb landeten Kohlköpfe meist in den Trögen der Kühe, Schweine und Hühner. Heute ist das ganz anders. Wildformen existieren zwar immer noch im Mittelmeerraum und an der Atlantikküste, für den menschlichen Verzehr wurden im Laufe der Zeit aber Kulturpflanzen mit zarten Blättern und süßem Geschmack gezüchtet – und dies in unglaublicher Vielfalt.

Die alten Griechen und Römer, darunter die berühmten Philosophen Aristoteles und Platon schätzten Kohlgemüse, und zwar nicht nur als Nahrungs- sondern auch als Heilmittel. Mit den Römern gelangte ihr „caulis" bis ins nördliche Europa, wo die Menschen langsam mit zielgerichteter Züchtung verschiedener Sorten begannen, denn die Urform bestand aus wenig mehr als aus einem stielartigen Strunk. Die Pflanze zu bewegen, daraus einen „Kopf" zu bilden, ist das Verdienst der römischen Gärtner und Feldarbeiter. Sie nannten ihr Kunststück „caput" – also Kopf. Davon war auch der alte Römer Cato um 200 v. Chr. so begeistert, dass er ihn als „allerbestes Gemüse und Heilmittel" pries. Um bei ihren Sauf- und Fressorgien nicht gleich völlig betrunken und pappsatt unter den Tisch zu fallen, befolgten sie den Rat, sich rohen, mit Essig gewürzten Krautsalat einzuverleiben, um dann so richtig und folgenlos zulangen zu können.

„Kapusta" heißt der Kohlkopf in Russland, wo man eine Sorte gezüchtet hat, die bis minus fünf Grad Celsius verträgt. Und im wodkafreudigen Russland macht die Kohlsuppe „Schtschi" vor dem Gelage angeblich trinkfest und danach kopfschmerzfrei.

Im 1. Jh. n. Chr. beschrieb ein griechischer Arzt namens Dioskurides eine Zubereitungsart, die für damalige Verhältnisse erstaunlich modern klingt, nämlich dass man den Kohl am besten nur kurz erhitzt und nicht etwa stundenlang verkocht. Diese Empfehlung muss dann wohl jahrhundertelang in Vergessenheit geraten sein!

Spitzkohl und Filderkraut

Südlich von Stuttgart breitet sich eine fruchtbare Ebene aus, die Fildern. Diese „Felder“ sind nicht nur für ihren Kohlanbau berühmt, sondern hier fing im Jahr 1908 ein Luftschiff des Grafen Zeppelin Feuer und verbrannte. Das weiß heute kaum noch jemand, aber das „Filderkraut“ wächst hier nach wie vor. Für viele Leckermäuler und Krautliebhaber ist es das beste Weißkraut der Welt – fast einen halben Meter lang, konisch zulaufend und ganz schön schwer. Es ist feinaderiger als der „normale“ runde Weißkohl – diese Besonderheit macht es zarter, milder und wohlschmeckender. Angeblich wurde das Filderkraut im 16. Jahrhundert zum ersten Mal im Kloster Denkendorf gezüchtet. Über Jahrhunderte stellte es den wichtigsten Handelsartikel der Gegend dar. Später fand es seinen Weg in die feinsten Lokale bis ins Elsass und sogar nach Paris. Bis heute widmen die Einheimischen am dritten Oktober-Wochenende ihrem Super-Kohl ein eigenes Fest – das Filderkrautfest in Echterdingen.

Der kleinere Verwandte des Filderkrauts, der Spitzkohl, ist weit verbreitet. Im Vergleich zu seinen rundlichen Verwandten erblickt der Spitzkohl schon im Frühjahr das Licht der Welt. Als „feiner“ Cousin des Weißkohls sieht er so aus, wie er heißt: mit mehr oder weniger lockerem, spitz zulaufenden Kopf. Er ist zart und weich und eignet sich besonders für edle Gerichte mit Geflügel, Wild, Kalb oder zu Fisch und Meeresfrüchten, gerne auch mit sahnigen Soßen.

Spitzkohl mit Zitronensoße

vegetarisch

1 Spitzkohl (ca. 1,2 kg)

125 ml Weißwein

125 g crème fraîche oder saure Sahne

2 Eigelbe

1 Zitrone, unbehandelt

Salz, weißer Pfeffer

Den Spitzkohl vierteln, Strunk und Außenblätter entfernen. In kochendem Salzwasser 15 Minuten kochen, herausheben und abtropfen lassen.

Den Wein mit der crème fraîche verrühren und in einem kleinen Topf leicht einkochen lassen. Die Eigelbe verrühren und in die Soße rühren – nicht mehr kochen lassen. Mit der abgeriebenen Zitronenschale, Zitronensaft, Salz und Pfeffer abschmecken und über die Kohlviertel gießen.

Dazu passen Bratwürstchen, Koteletts und/oder neue Kartoffeln.

Variante: Spitzkohl mit Champignons

Den Spitzkohl in Streifen schneiden, mit Zwiebelwürfeln in Butter anschwitzen, salzen und pfeffern, mit Gemüsebrühe ablöschen und 10 Minuten köcheln lassen. In einer anderen Pfanne 2 EL Butter erhitzen. 500 g geputzte, in Scheibchen geschnittene Champignons bei großer Hitze scharf anbraten, dann umrühren und 2 Minuten weiterbraten, bis die eventuell ausgetretene Flüssigkeit vollständig verdampft ist. Salzen, pfeffern und mit dem Spitzkohl vermischen. Mit Petersilie oder Schnittlauch bestreuen und servieren.

Spitzkohl-Rosenkohl-Eintopf

vegan

500 g Spitzkohl

300 g Rosenkohl

300 g Karotten

3–4 EL Samenöl

1 kleiner Bund Liebstöckel (ersatzweise 1–2 TL getrockneter)

1,2 l Gemüsebrühe (siehe Rezept Seite 14)

Salz, Pfeffer

200 g Tofu, geräuchert

200 g Suppennudeln (z. B. Sternchen)

Petersilie

Den Spitzkohl vierteln, vom Strunk befreien und die Kohlblätter in mundgerechte Stücke schneiden. Rosenkohl putzen, Karotten schälen und in Scheiben schneiden.

Das Öl in einem Topf erhitzen und das Gemüse darin 3–4 Minuten unter Rühren andünsten. Liebstöckel grob schneiden und kurz mitdünsten. Mit der Gemüsebrühe auffüllen und zugedeckt 10–15 Minuten köcheln lassen. Eventuell salzen und pfeffern.

Den Tofu würfeln und zusammen mit den Suppennudeln in den Topf geben. Weitere 5 Minuten köcheln lassen. Mit Petersilie bestreuen.

Spitzkohlwickel mit Salsicciafüllung und Salbei

1 Spitzkohl (ca. 1 kg)

3 Tomaten

1 Zwiebel

200 g Salsiccia

200 g Hackfleisch, gemischt

1 Ei

8 Salbeiblätter

2 EL Mehl

Salz, Pfeffer

1 Msp. Muskatblüte

4 EL Olivenöl

2 Knoblauchzehen

125 ml Fleischbrühe (siehe Rezept Seite 16)

2 EL Butterflöckchen

Den Spitzkohl kurz in kochendem Wasser blanchieren, herausnehmen, abtropfen lassen und 10 möglichst große Blätter ablösen (den Rest anderweitig verwenden, z. B. zu einer Beilage). Die abgenommenen Blätter auf einem sauberen Handtuch trocknen.

Tomaten mit kochendem Wasser überbrühen, häuten, die Kerne entfernen und das Tomatenfleisch in Streifen schneiden.

Zwiebel fein würfeln, Salsiccia aus der Haut in eine Schüssel drücken, Hackfleisch, die Hälfte der Zwiebel und das Ei hinzufügen. Die Salbeiblätter fein schneiden und ebenfalls zur Fleischmasse geben. Alles gründlich miteinander vermengen, das Mehl hinzufügen und kräftig mit Salz, Pfeffer und Muskatblüte würzen. Diese Mischung auf 8 Spitzkohlblättern verteilen. Zuerst die Seiten über der Hackmischung zusammenschlagen und dann die Kohlblätter von unten nach oben fest aufrollen. Eventuell mit Küchengarn zubinden. Die restlichen Kohlblätter in Streifen schneiden.

Das Öl in einem breiten ofenfesten Topf erhitzen, die restlichen Zwiebelwürfel darin hellgelb anschwitzen, Knoblauch schälen und dazupressen. Kohl- und Tomatenstreifen dazugeben und unter Rühren 2–3 Minuten mitbraten. Die Kohlwickel hinzufügen und ein paar Minuten mitdünsten. Die Fleischbrühe angießen und alles zugedeckt etwa 45 Minuten garen. Die Butterflöckchen auf den Rouladen verteilen, den Topf offen auf die oberste Schiene des Backofens stellen und die Rouladen unter dem Grill 2–3 Minuten bräunen (Vorsicht, das geht recht schnell!).

Dazu passt Kartoffelpüree.

Scharfes Huhn auf Ingwer-Spitzkohl

Für 6–8 Portionen

1 Spitzkohl (ca. 800 g)

60 g Ingwer

6 EL Samenöl

Salz

1,5 kg Hühnerkeulen (Mittelteil, mit Knochen, 8–10 Stück)

5–6 Chilischoten, frisch, grün

1 Paprikaschote, rot

1 Paprikaschote, grün

50 ml Sojasoße

½ **TL** Zucker

2 EL Rotweinessig

125 ml Hühnerbrühe (siehe Rezept Seite 15)

1 TL Maisstärke

Den Spitzkohl putzen, vierteln, den Strunk entfernen und die Kohlblätter in 3–4 cm große Stücke schneiden. Den Ingwer schälen und fein schneiden. 2 EL Öl erhitzen, den Ingwer darin kurz anbraten, die Kohlstücke hinzufügen, salzen und unter Rühren braun anbraten.

Die Keulen häuten, mit Salz einreiben. Die Chilischoten putzen, längs halbieren, die Kerne herauskratzen und die Chilis fein hacken. Die Paprikaschoten ebenfalls putzen, entkernen und klein schneiden. Das restliche Öl erhitzen und Chili und Paprika unter Rühren 3–4 Minuten braten.

Sojasoße, Zucker, Essig und Brühe in einem kleinen Topf verrühren und aufkochen. Die Maisstärke mit etwas Wasser anrühren und in die kochende Soße gießen. Aufkochen, bis die Soße dicklich und glänzend wird.

Eine ofenfeste Form mit dem Ingwer-Kohl auskleiden. Die Hühnerstücke darauf legen, darüber die Chili-Paprika-Mischung geben, die Soße darübergießen. Die Form fest verschließen und im vorgeheizten Backofen bei 200 °C 105 Minuten garen.

Dazu passt Duft- oder Basmatireis.

Tipp: Wie viele Chilischoten man letztendlich verwendet, hängt davon ab, wie scharf man es verträgt. Wer es gar nicht scharf mag, ersetzt die Chilis durch Paprikaschoten.

Spitzkohl mit Kaninchen im Römertopf

400 g Spitzkohl

25 g Steinpilze, getrocknet

1 Zwiebel, klein

1 Knoblauchzehe

1 kg Kaninchenkeulen

Salz, Pfeffer

3–4 EL Olivenöl

250 ml Hühnerbrühe (siehe Rezept Seite 15)

Den Römertopf 2 Stunden kalt wässern. Den Spitzkohl halbieren, den Strunk entfernen und den Kohl in mundgerechte Stücke oder Streifen schneiden. Die Pilze in lauwarmem Wasser einweichen. Die Zwiebel schälen und fein würfeln, den Knoblauch schälen.

Die Kaninchenkeulen mit Salz und Pfeffer würzen und in dem heißen Olivenöl von allen Seiten braun anbraten. In den Römertopf legen. Im verbliebenen Fett (eventuell noch etwas Öl oder Butter hinzufügen) die Zwiebelwürfel anbraten, den Knoblauch dazupressen und den Kohl unter Rühren goldgelb anbraten, die Pilze ausdrücken, eventuell halbieren und dazugeben, salzen und pfeffern.

Die Mischung auf den Kaninchenkeulen verteilen. Die Hühnerbrühe angießen, den Römertopf verschließen, in den kalten Backofen schieben (2. Schiene von unten) und etwa 90–120 Minuten bei 180 °C garen.

Dazu passen Bratkartoffeln.

Basiswissen

Die alten Griechen und Römer, darunter die berühmten Philosophen Aristoteles und Platon schätzten Kohlgemüse, und zwar nicht nur als Nahrungs- sondern auch als Heilmittel.

Spitzkohlrouladen mit Fisch- und Garnelenfülle

Den Spitzkohl am Strunk einschneiden und kurz in kochendes Wasser legen. Herausnehmen und 4 große Blätter abnehmen, auf Küchenpapier abtropfen lassen. Den Rest anderweitig verwenden.

Den Knoblauch schälen, das Fischfilet mit der Zwiebel und den Knoblauchzehen im Mixer oder im Blitzhacker pürieren, in einer Schüssel mit dem Ei verrühren. Die Hälfte der Oliven nicht zu fein hacken und zur Fischmasse geben. Kräftig mit Salz und Pfeffer abschmecken.

Die Garnelen aus den Schalen brechen, entdarmen und leicht salzen. Die Kohlblätter ausbreiten, die dicken Mittelrippen herausschneiden. Die Fischfülle auf die vier Blätter mittig verteilen. Jeweils 2 Garnelen in 2 Basilikumblätter wickeln und auf das Fischpüree legen. Die Kohlblätter erst von beiden Längsseiten her einschlagen, dann von unten nach oben fest aufrollen. Die Tomaten halbieren.

Das Öl in einem Topf erhitzen und die Rouladen mit der Nahtseite nach unten hineinlegen. Kräftig braun von beiden Seiten anbraten. In eine ofenfeste Form legen. Im restlichen Öl die Tomaten und die restlichen halbierten Oliven unter Rühren anschwitzen, salzen und pfeffern. Mit der Fischbrühe ablöschen. Die Mischung über die Rouladen gießen. Im vorgeheizten Backofen bei 200 °C etwa 30 Minuten garen. Hin und wieder Bratfond über die Rouladen gießen, damit sie nicht austrocknen.

Dazu passt Polenta.

1 Spitzkohl (ca. 1,2 kg)

400 g Fischfilet (Kabeljau, Schellfisch, Rotbarsch)

1 Zwiebel, klein

2 Knoblauchzehen

1 Ei

60 g Oliven, schwarz, ohne Stein (am besten olive taggiasche)

Salz, Pfeffer

8 Garnelen, ohne Kopf, mit Schale

8 Basilikumblätter

4–5 EL Olivenöl

8 Kirsch- oder Datteltomaten

100 ml Fischbrühe (siehe Rezept Seite 17)

Weißkohlsaft

Ergibt etwa 1 l:

1 Weißkohl (ca. 1,2 kg)

1 Spritzer Zitronensaft

Den Weißkohl putzen, von den äußeren Blättern befreien, halbieren, den Strunk entfernen und den Kohl in schmale Spalten schneiden. Im Entsafter nach und nach entsaften. Nach Belieben mit Zitronensaft würzen.

vegan

Weißkohl-Hackfleisch-Suppe

1 Zwiebel

1 Karotte, groß

1 Kartoffel, groß

2 EL Öl

1 EL Butter

300 g Hackfleisch, gemischt

2 Knoblauchzehen

750 g Weißkohl

750 ml Fleischbrühe (siehe Rezept Seite 16)

Die Zwiebel fein würfeln, Karotte und Kartoffel waschen, schälen und in mundgerechte Stücke oder Scheiben schneiden. Öl und Butter in einem Topf zerlassen, die Zwiebelwürfel darin hellbraun anschwitzen, Karotten- und Kartoffelstücke hinzufügen und kurz mitbraten. Das Hackfleisch dazugeben und unter Rühren krümelig braten. Den Knoblauch dazupressen und kurz mitbraten. Weißkohl vierteln und in feine Streifen schneiden, zum Hackfleisch geben und unter Rühren 3–4 Minuten dünsten. Mit der Brühe ablöschen – die Fleisch-Gemüse-Mischung sollte gerade eben bedeckt sein. Alles 30–40 Minuten sanft köcheln lassen.

Varianten: Für diese Suppe gibt es zahlreiche Varianten. Man kann das Hackfleisch auch weglassen und dafür mehr Gemüse zur Suppe geben, zum Beispiel Rosenkohl, Blumenkohl oder auch rote Bete. Mit Ingwer und Zitronengras erhält die Suppe einen asiatischen Touch, mit Rosmarin und klein gewürfelten Tomaten einen mediterranen.

Weißkohlsalat mit Tomaten und Minze

vegan

Den Kohl von den äußeren Blättern befreien, vierteln, den Strunk herausschneiden. Kohl in sehr feine Streifen schneiden oder hobeln. In eine Schüssel geben, Minzeblätter hinzufügen. Die Tomaten halbieren und ebenfalls zum Kohl geben. Salz, Pfeffer, Öl und Zitrone verrühren, den Knoblauch schälen und dazupressen. Über den Salat geben, vor dem Servieren 15 Minuten ziehen lassen.

1 Spitzkohl (ca. 700 g)

1 Handvoll Minzeblätter

200 g Kirschtomaten

Salz, Pfeffer

4–5 EL Olivenöl

Saft einer Zitrone

1–2 Knoblauchzehen

Variante: Weißkohlsalat mit Joghurt und Schafskäse

vegetarisch

Die Blätter von einem kleinen Weißkohl fein schneiden, mit Salz mischen und in einer Schüssel mit dem Kartoffelstampfer ein paar Minuten kräftig stampfen, damit sie weichwerden und Saft ziehen. Olivenöl, Weißweinessig und 180 ml Naturjoghurt vermengen mit Pfeffer kräftig würzen und alles gründlich vermischen. Salat 10 Minuten ziehen lassen und nochmals abschmecken. 200 g Feta zerbröckeln und untermischen. Mit Dill garnieren.

Weißkohlsuppe mit Kartoffeln und Lauch

1 Weißkohl- oder Wirsingkopf, klein (ca. 800 g)

1 Kartoffel, groß

1 Stange Lauch

3 EL Butter

750 ml Gemüsebrühe (siehe Rezept Seite 14)

1 Chilischote, getrocknet, klein

4 TL Parmesankäse, gerieben

Den Kohl putzen und in kleine Stücke schneiden, die Kartoffel schälen, waschen und würfeln, den Lauch putzen und die weißen und hellgrünen Teile in dünne Ringe schneiden. Die Butter in einem Topf zerlassen, die Kartoffelwürfel hineingeben und unter Rühren andünsten. Kohl und Lauch hinzufügen und 2–3 Minuten weiterrühren. Die Brühe angießen, die Chilischote hineinkrümeln und alles etwa 25 Minuten leise köcheln lassen. Vor dem Servieren mit Parmesankäse bestreuen.

Vegane Variante: Statt Butter Öl verwenden, den Parmesankäse weglassen und mit geriebenem geräucherten Tofu bestreuen.

Tipp: Wer nicht gerne scharf isst, kann natürlich die Chilischote weglassen.

vegetarisch

Basiswissen

Vitamin C ist in Kohl in höherer Konzentration enthalten als in Zitrusfrüchten.

Weißkohl-Pirogge

vegetarisch

Mehl in eine Schüssel geben. Milch mit Zucker erwärmen, die Hefe darin auflösen. Mit Salz, Eigelben und Butterstückchen zum Mehl geben. Mit den Knethaken des Handmixers zu einem elastischen Teig verkneten. Mit etwas Mehl bestäuben und zugedeckt an einem warmen Ort 30 Minuten ruhen lassen.

Den Kohl in feine Streifen schneiden und in der Butter unter Rühren weich dünsten. Er darf dabei ruhig etwas Farbe annehmen. 2–3 EL Wasser hinzufügen und unter Rühren verdampfen lassen. Die Eier fein hacken und zum Kohl geben, Kräuter hinzufügen, salzen und pfeffern. Die Füllung abkühlen lassen.

Den Teig nochmals gut durchkneten und auf einer bemehlten Arbeitsfläche zu einer etwa 1 cm dicken, rechteckigen Platte ausrollen. Die Ränder glatt schneiden und zum Verzieren aufbewahren. Die Füllung in die Mitte der Teigplatte geben, die Ränder darüber zusammen schlagen und gut zusammendrücken. Die Pirogge mit der Nahtstelle nach unten auf ein mit Backpapier ausgelegtes Backblech legen. Mit Eigelb bestreichen. Aus dem restlichen Teig Verzierungen wie Blätter oder Blumen ausstechen und auf dem Teig befestigen, ebenfalls mit Eigelb bestreichen. Die Teigoberfläche mehrmals mit einer Gabel einstechen und eine weitere halbe Stunden ruhen lassen. Im vorgeheizten Backofen bei 200–220 °C etwa 45 Minuten backen. Sollte die Oberfläche zu braun werden, mit Alufolie oder Backpapier abdecken.

Mit kräftiger Bouillon (Gemüse oder Fleisch) servieren.

Für den Teig:

500 g Mehl

250 ml Milch

1 TL Zucker

40 g Hefe

1 TL Salz

2 Eigelbe

125 g Butter, weich

Für die Füllung:

800 g Weißkohl

3 EL Butter

2–3 EL Wasser

3 Eier, hartgekocht

je 3 EL Petersilie, Schnittlauch und Dill, alles fein geschnitten

Salz, Pfeffer

Eigelb zum Bestreichen

Weißkohl-Pilz-Topf

vegan

Tomaten mit kochendem Wasser überbrühen, häuten, entkernen und klein schneiden.

Zwiebeln schälen und fein würfeln. Weißkohl putzen und in 3 cm große Stücke schneiden. Die getrockneten Pilze in warmem Wasser knapp bedeckt einweichen, abgießen, das Einweichwasser aufheben und die Pilze klein schneiden. Die frischen Pilze putzen, je nach Größe halbieren oder vierteln.

In einem Topf 3 EL Öl erhitzen und die Pilze darin unter Rühren einige Minuten bei großer Hitze anbraten. Herausnehmen, die Zwiebelwürfel in den Topf geben und bei Mittelhitze hellbraun rösten. Kohlstücke dazugeben und unter Rühren mitrösten. Salzen und pfeffern, Zucker drüberstreuen und kurz karamellisieren. Mit dem Pilzwasser und der Brühe ablöschen, Gewürze hinzufügen und aufkochen. Tomaten hinzufügen und alles halb zugedeckt ca. 40 Minuten garen. 5 Minuten vor Ende der Garzeit die Pilze wieder in den Topf geben.

Dazu passt Kartoffelgratin.

3 Tomaten

2 Zwiebeln

400 g Weißkohl

20 g Steinpilze, getrocknet (oder gemischte Pilze)

400 g Champignons

200 g Austernpilze

6 EL Samenöl

Salz, Pfeffer

1 Prise Zucker

600 ml Gemüsebrühe (siehe Rezept Seite 14)

2 Lorbeerblätter

4 Wacholderbeeren

1 TL Majoran

Basiswissen

Kohlwickel helfen bei Gelenksschmerzen (Anleitung Seite 13).

Weißkohl mit Kartoffeln und Erbsen

vegan

600 g Weißkohl

2 Tomaten

250 g Kartoffeln

1 Chilischote, frisch, grün

3 EL Samenöl

3 Lorbeerblätter

1 TL Kurkumapulver

1 TL Kreuzkümmelpulver

Salz, Pfeffer

½ TL Zucker

125 ml Wasser

150 g Erbsen

Weißkohl waschen, den Strunk entfernen und die Blätter fein schneiden. Die Tomaten mit kochendem Wasser überbrühen, häuten, Strünke und Inneres entfernen, das Tomatenfleisch klein schneiden. Die Kartoffeln waschen, schälen und in kleine Würfel schneiden. Die Chilischote längs halbieren, entkernen und fein würfeln. Das Öl in einem Topf erhitzen, Weißkohl und Kartoffeln hineingeben und unter Rühren anbraten. Tomaten, Chilischote und alle Gewürze hinzufügen, alles gut verrühren. Wasser angießen und alles zugedeckt 15 Minuten garen. Die Erbsen hinzufügen und weitere 5 Minuten köcheln lassen.

Nochmals abschmecken und mit Reis servieren.

Tipp: Im Winter gibt es selten frische Erbsenschoten, also müssen Sie auf tiefgekühlte Erbsen oder Erbsen aus der Dose zurückgreifen.

Weißkohltopf mit Paprikaschoten

vegan, low carb

Den Kohl vom Strunk befreien, die Blätter in kleine Stücke schneiden. Die Paprikaschoten putzen und ebenfalls würfeln. Die Zwiebel schälen und würfeln, den Knoblauch schälen.

Das Öl in einem Topf erhitzen und die Zwiebelwürfel darin unter Rühren 2–3 Minuten dünsten. Paprikaschoten und Kohlstücke hinzufügen und weitere 2–3 Minuten mitbraten. Salzen, pfeffern, die geschälten Tomaten dazugeben und umrühren. Die Chilischote zerreiben und mit den anderen Gewürzen in den Topf geben. Zugedeckt 10–15 Minuten bei mittlerer Hitze garen.

Dazu passt Kartoffelpüree oder Safranrisotto.

Tipp: Im Winter bekommt man selten frische Kräuter, dann einfach getrocknete nehmen, dafür aber etwas mehr.

400 g Spitz- oder Weißkohl, jung

je ½ grüne, gelbe und rote Paprikaschote

1 Zwiebel, klein

1 Knoblauchzehe

3 EL Olivenöl

Salz, Pfeffer

125 g Tomaten, geschält (eventuell Dose)

1 Chilischote, getrocknet, klein

1 Zweig Rosmarin

2 Zweige Thymian

2 Zweige Oregano

Weißkohlrouladen mit Buchweizenfüllung

vegetarisch

1 Weißkohl (ca. 1 kg)

1 Karotte

1 Zwiebel, klein

4 EL Öl

200 g Buchweizen, mittelfein gemahlen

500 ml Gemüsebrühe (siehe Rezept Seite 14)

1 Bund Petersilie

10 Basilikumblätter

50 g Semmelbrösel

5 EL Mandelmus (Naturkostladen)

2 Eier

Salz, Pfeffer

1 Spritzer Zitronensaft

250 ml Sahne

2 TL Mehl

Den Weißkohl in kochendes Salzwasser geben, vom Herd nehmen und 5 Minuten stehen lassen. 12–14 möglichst große Blätter ablösen, zwischen Küchenpapier trocknen, die Mittelrippen flach- oder herausschneiden. Den restlichen Kohl in feine Streifen schneiden.

Die Karotte putzen, schälen und sehr fein würfeln. Die Zwiebel ebenfalls fein würfeln. Karotten- und Zwiebelwürfel in der Hälfte des Öls unter Rühren bei Mittelhitze etwa 5 Minuten anschwitzen, den in Streifen geschnittenen Kohl und den Buchweizen hinzufügen und weitere 3–4 Minuten dünsten. Mit 300 ml heißer Gemüsebrühe ablöschen, salzen und pfeffern. Bei schwacher Hitze zugedeckt etwa 10 Minuten ausquellen lassen.

Petersilie und Basilikum fein schneiden und unter die Grütze mischen. Semmelbrösel und Mandelmus unterheben. Die Eier verquirlen und ebenfalls untermischen. Alles mit Salz, Pfeffer und Zitronensaft abschmecken. Die Füllung auf den Kohlblättern verteilen, die Seiten einklappen und aufrollen. Eventuell mit Küchengarn binden.

Das restliche Öl in einem Topf erhitzen und die Rouladen darin von allen Seiten goldbraun anbraten. Die übrige Brühe angießen, die Sahne außer 2 EL hinzufügen und alles zugedeckt bei Mittelhitze 20 Minuten garen. Das Mehl mit der übrigen Sahne verrühren und die Soße damit binden, nochmals abschmecken und servieren.

Apfel-Weißkohl

Den Kohl putzen, vom Strunk befreien, waschen, vierteln und in feine Streifen hobeln oder schneiden.

Speck und Zwiebel fein würfeln. Die Butter in einer großen Pfanne erhitzen und Speck und Zwiebel darin unter Rühren 2–3 Minuten dünsten. Den Kohl hinzugeben und etwa 8 Minuten mitschmoren. Mit Salz, Pfeffer und Kümmel würzen, die Brühe angießen und alles zugedeckt 15–20 Minuten köcheln lassen.

Den Apfel schälen, vierteln, entkernen und in Spalten schneiden. Kurz vor Ende der Garzeit die Apfelspalten zum Kohl geben. Mit Zitronensaft abschmecken.

Dazu passt Schweinebraten oder Koteletts.

750 g Weißkohl

80 g Bauchspeck, geräuchert

1 Zwiebel

1 EL Butter

Salz, Pfeffer

1 TL Kümmel

150 ml Gemüsebrühe (siehe Rezept Seite 14)

1 Apfel, groß, säuerlich

1 Spritzer Zitronensaft

Kohlrouladen klassisch

1 Weißkohl (ca. 1,2 kg)

1 Zwiebel, groß

600 g Hackfleisch, gemischt

2 Eier

2 Semmeln, altbacken, in Milch eingeweicht, gut ausgedrückt

Salz, Pfeffer

½ TL Muskat

2 TL Senf

1 EL Worcestershiresauce

3 EL Petersilie, fein geschnitten

100 g Bauchspeck, geräuchert

3 EL Schweine- oder Butterschmalz

250 ml Fleischbrühe (siehe Rezept Seite 16)

1 EL Mehl, in kaltem Wasser angerührt

Basiswissen

Kohlrouladen können mit fast allem gefüllt werden, die Blätter müssen nur groß genug sein. Es eignen sich Spitzkohl, Wirsing, Weißkohl, Chinakohl und Rotkohl. Eine Besonderheit stellen die Rouladen aus im Ganzen vergorenen Weißkohlblättern dar, die vor allem auf dem Balkan und in der Türkei beliebt sind. Dafür werden ganze Weißkohlköpfe milchsauer vergoren. Es gibt sie beim türkischen Lebensmittelhändler oder im Internet. Sie verleihen der Roulade eine säuerliche, herzhafte Note.

Den Kohlkopf am Strunk einschneiden, in kochendes Wasser geben und 15 Minuten ziehen lassen. Herausnehmen, abtropfen lassen und 4–6 große Blätter ablösen. Auf Küchenpapier trocknen lassen. Die Mittelrippen herausschneiden. Den restlichen Kohl anderweitig verwenden.

Die Zwiebel schälen und fein würfeln. Das Hackfleisch in eine Schüssel geben, die Hälfte der Zwiebelwürfel, Eier, Semmeln, Salz, Pfeffer, Muskat, Senf, Worcestershiresauce und Petersilie hinzufügen und gut vermischen. Nochmals kräftig mit Salz und Pfeffer abschmecken. Die Masse auf den Kohlblättern verteilen. Die Blätter erst von beiden Seiten einschlagen und dann von unten nach oben aufrollen.

Den Speck fein würfeln. Schweine- oder Butterschmalz in einem Topf erhitzen und die Kohlrouladen mit der Nahtstelle nach unten einlegen. Die restlichen Zwiebelwürfel und den Speck hinzufügen und alles kräftig anbraten. Brühe angießen und im geschlossenen Topf bei Mittelhitze 45 Minuten garen, dabei 2–3 Mal wenden. Die Soße mit dem angerührten Mehl binden.

Variante: Für Kohlrouladen mit Tomatensoße ersetzt man die Brühe ganz oder teilweise durch eine kleine Dose passierte oder geschälte Tomaten.

Variante: **Kohlrouladen mit Hühnerfleischfüllung**

Für die Füllung gekochtes Hühnerfleisch von einem Huhn mit Räucherspeck und Zwiebelwürfeln durch den Fleischwolf drehen, mit Bröseln, Eiern und Petersilie mischen und in die Kohlblätter füllen. Dann weiter verfahren wie oben „Kohlrouladen klassisch".

Weißkohltopf mit gepökeltem Rindfleisch

Das Fleisch mit kaltem Wasser knapp bedecken und etwa 90 Minuten halb zugedeckt leise köcheln lassen.

Den Kohl putzen und die Blätter in 2 cm große Stückchen schneiden. Karotten schälen und in Scheiben schneiden, Kartoffeln schälen, Sellerie putzen und beides würfeln.

Die Brühe in einen Topf gießen, zuerst die Karotten darin etwa 5 Minuten köcheln lassen. Kartoffeln und Sellerie hinzufügen und weitere 10 Minuten garen. Zum Schluss die Weißkohlstückchen dazugeben.

Das Fleisch aus dem Kochwasser nehmen, in mundgerechte Stücke schneiden und zum Gemüse geben. Mit reichlich Pfeffer würzen. Mit Salz sparsam umgehen, da Fleisch und Brühe schon salzig sind.

600 g Rindfleisch, gepökelt (gesurt), Brust oder Schulter, ohne Knochen

300 g Weißkohl (oder Spitzkohl)

200 g Karotten

200 g Kartoffeln

150 g Sellerieknolle

750 ml Fleischbrühe (siehe Rezept Seite 16)

schwarzer Pfeffer

evtl. Salz

Weißkohltopf mit Schweinefleisch und Steinpilzen

Für 6 Portionen

1,5 kg Schweinenacken ohne Knochen

4 EL Butter- oder Schweineschmalz

100 g Steinpilze, getrocknet

2 Zwiebeln

2 Knoblauchzehen

1 Weißkohl (ca. 1 kg)

Salz, Pfeffer

1 EL Kümmel

100 g crème fraîche oder saure Sahne

Das Fleisch in mundgerechte Würfel schneiden und in heißem Schmalz rundherum braun anbraten. Die Pilze in lauwarmem Wasser einweichen, die Zwiebeln schälen und in Streifen schneiden, Knoblauch schälen.

Vom Kohl die äußeren Blätter entfernen, halbieren, den Strunk entfernen und den Kohl in etwa 1 cm breite Streifen schneiden.

Das Fleisch aus dem Topf nehmen, im verbliebenen Fett die Zwiebelstreifen unter Rühren goldbraun braten, den Knoblauch dazupressen. Fleisch wieder in den Topf geben, den Kohl hinzufügen. Die Pilze eventuell halbieren und mit dem Einweichwasser in den Topf geben. Mit Salz, Pfeffer und Kümmel würzen. Zugedeckt bei Mittelhitze 50 Minuten schmoren, hin und wieder umrühren.

Vor dem Servieren die crème fraîche unterrühren.

Tipp: Anstelle von Schmalz eignet sich auch Öl. Das Schweinefleisch kann auch durch Rinderschmorbraten oder Kalbsbraten ersetzt werden, dann verlängert sich die Garzeit entsprechend.

Wirsing

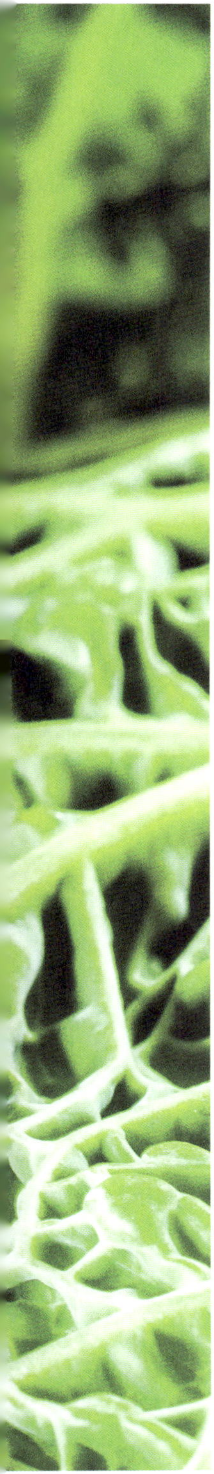

Er ist sozusagen der „feine“ Verwandte des eher herzhaften Weißkohls. Im Handel gibt es ihn als Sommer- und Herbstwirsing, als krausen Frühwirsing und mit grünvioletter Färbung. Charakteristisch sind die mehr oder weniger gekrausten Blätter. Die Köpfe sind locker, rund, oval oder spitz zulaufend. Die Herbst- und Wintersorten haben dunkelgrüne, kräftige Blätter und einen ausgeprägten Kohlgeschmack, während die frühen Sorten durch zarte Blätter und milden Geschmack auffallen.

Noch unsere Omas und Uromas haben Wirsing lange gekocht, meist mit allerhand Deftigem dabei. Fleisch, Kartoffeln, Wurst – lecker, aber eher einfallslos. Wenn man hingegen „richtig“ mit ihm umgeht, entfaltet er seine ganze Eleganz. Entsprechend gewürzt ist Wirsing eine wunderbare Beilage zu Geflügel, Lamm, Kalb- oder Rindfleisch, zu Fisch und Meeresfrüchten. Sahne gibt ihm noch mal den Extra-Kick. Wirsing schmeckt mit europäischen Gewürzen genauso wie mit asiatischen.

Tipps für Rouladen

Der Umgang mit Wirsing ist denkbar einfach. Wenn man die Blätter einzeln verwenden möchte – zum Beispiel für Krautrouladen – muss man nur den Strunk mit einem scharfen Messer keilförmig herausschneiden, dann lassen sich die Blätter leicht ablösen. Kurz blanchiert können sie dann gefüllt werden. Nur die dicke Mittelrippe muss noch heraus- oder flach geschnitten werden, damit sich die Blätter leichter aufrollen lassen. Auch wenn der Wirsing als edle Beilage dienen soll, ist es besser die Mittelrippe zu entfernen. Andernfalls kann man auch erst den ganzen Kopf in kochendem Wasser blanchieren (vorher rund um den Strunk einschneiden), dann lösen sich die Blätter von allein.

Als Füllung eignet sich so gut wie alles: Hackfleisch, Zwiebeln und Ei, Pilze oder Reis, Fisch und Garnelen oder Tomaten, Sojasprossen, Frühlingszwiebeln und Ingwer.

Gesund ist der Wirsing natürlich auch. Er enthält eine Vorstufe von Vitamin C, die sich erst durch das Garen erschließt, das heißt, durchs Kochen wird der Wirsing noch gesünder. Dazu kommen Vitamin B1 und B2, Kalzium, Kalium und Phosphor. Kalorien? Kaum – 33 auf 100 g sind ausgesprochen wenig. Im Vergleich zu Weiß- und Spitzkohl ist Wirsing nicht zum Rohverzehr geeignet. Auch ist er nicht so lange haltbar und spätestens nach 2–3 Tagen im Gemüsefach reif für den Kochtopf.

Krautfleckerln

vegetarisch

Die Zwiebel fein würfeln, die Butter erhitzen und die Zwiebelwürfel darin goldbraun unter Rühren rösten, den Zucker einstreuen und etwas karamellisieren lassen. Das Kraut feinnudelig schneiden und hinzufügen. Mit Salz, Pfeffer und Kümmel würzen. Essig und etwas Wasser angießen und zugedeckt etwa 25 Minuten dünsten. Die Nudelfleckerln in Salzwasser bissfest kochen, mit einem Schaumlöffel herausnehmen und mit dem Kraut vermengen.

Variante: Für Nicht-Vegetarier kleinwürfelig geschnittenen, gebratenen Bauchspeck hinzufügen.

Info: Dieses Rezept ist schon sehr alt. Schon der Vater des einstmaligen Meraner Bürgermeisters Valentin Haller beschrieb es in seinem Kochbuch „Und rührs ein pahr Vatter Unßer lang“ (Edition Raetia, 2014)

1 Zwiebel, klein

50 g Butter

1 EL Zucker

1 Kohlkopf, klein (Wirsing oder Spitzkohl, ca. 600 g)

Salz, Pfeffer

1 TL Kümmel

2 EL Apfelessig

350 g Nudelfleckerln

Wirsing-Polenta-Auflauf

vegetarisch

2 Knoblauchzehen

3 EL Olivenöl

500 ml Gemüsebrühe (siehe Rezept Seite 14)

125 g Polenta

1 Zwiebel

100 g Champignons

500 g Wirsing

2 EL Butter

Salz, Pfeffer

125 ml Sahne

1 Ei

3 EL Kräuter, gemischt (Petersilie, Schnittlauch, Basilikum)

100 g Parmesankäse, gerieben

Fett für die Form und Butterflöckchen zum Belegen

Knoblauchzehen schälen, Olivenöl erhitzen und den Knoblauch ins Öl pressen. Unter Rühren hellbraun braten. Die Gemüsebrühe angießen und zum Kochen bringen. Polenta einrühren und unter Rühren 20–25 Minuten garen. In eine gefettete ofenfeste Form geben und abkühlen lassen.

Die Zwiebel schälen und fein würfeln, die Champignons putzen, waschen und blättrig schneiden. Den Wirsing putzen und die Blätter in kochendem Salzwasser 2 Minuten blanchieren. Abtropfen lassen und grob hacken. Die Butter zerlassen und die Zwiebelwürfel darin unter Rühren ein paar Minuten hellgelb dünsten, Champignons und Wirsing hinzufügen und ein paar Minuten dünsten. Salzen und pfeffern. Die Masse auf der Polenta verteilen.

Die Sahne halb steif schlagen und mit dem Ei verrühren, die Kräuter fein hacken, zur Sahne geben, salzen und pfeffern. Ei-Sahne-Mischung auf dem Wirsing verteilen. Käse darüber streuen, mit Butterflöckchen belegen.

Im vorgeheizten Backofen bei 180 °C 35–40 Minuten goldbraun backen.

Buchweizennudeln mit Wirsing und Kartoffeln

vegetarisch

Beide Mehlsorten mischen, salzen und mit Milch und Wasser zu einem Teig verkneten. Den Teig in 4 gleich große Stücke teilen und etwa 2 mm dick ausrollen, dabei immer wieder mit Mehl bestäuben. Die ausgerollten Teigplatten mit Buchweizenmehl bestäuben und in 5 cm breite Streifen schneiden. Diese wiederum in etwa 0,5 cm breite, kurze Nudeln schneiden. Alle 4 Teigstücke so verarbeiten.

Kartoffeln schälen, würfeln und in Wasser legen. Wirsing in Streifen schneiden (ähnlich wie die Nudeln), den Käse würfeln, Knoblauch schälen. In einem großen Topf reichlich Salzwasser aufkochen, die Kartoffelwürfel abgießen und zugedeckt 10 Minuten im Salzwasser köcheln lassen. Nach zehn Minuten die Buchweizen-Nudeln und die Wirsingstreifen hinzufügen und 2–3 Minuten mitköcheln lassen. Die Butter in einer Pfanne schmelzen, Knoblauch hineinpressen, die Salbeiblätter hinzufügen und unter Rühren erwärmen. Den Topfinhalt in ein Sieb gießen und abtropfen lassen. Die Hälfte in eine vorgewärmte Schüssel füllen, Käsewürfel untermengen und die restliche Nudel-Mischung darauf geben. Die Salbei-Butter darübergießen. Die Buchweizen-Nudeln mit Parmesankäse bestreuen und servieren.

Tipp: Die Buchweizennudeln heißen im Trentino Pizzoccheri.

Für die Nudeln:

300 g Buchweizenmehl

150 g Weizenmehl und Mehl zum Bearbeiten

150 ml Wasser

150 ml Milch

1 TL Salz

250 g Kartoffeln

250 g Wirsing

300 g Fontina-Käse

3 Knoblauchzehen

200 g Butter

10 Salbeiblätter

100 g Parmesankäse, gerieben

Basiswissen

Wirsing enthält eine Vorstufe von Vitamin C, die sich erst durch das Garen erschließt, das heißt, durchs Kochen wird der Wirsing noch gesünder.

Pasta mit Wirsing und Walnuss-Pesto

vegetarisch

Für den Walnuss-Pesto:

2–3 Knoblauchzehen

75 g Walnusskerne

2 EL Walnuss-Öl

2 EL Olivenöl

1 TL Zitronensaft

Salz, Pfeffer

300–400 g Wirsing

400 g Spaghetti oder Bavette

40 g Parmesankäse , gerieben

Für den Pesto die Knoblauchzehen schälen, Walnusskerne grob hacken. Knoblauch, Walnüsse, beide Ölsorten und eventuell etwas Wasser im Mixer zu einer sämigen Soße pürieren. Mit Zitronensaft, Salz und Pfeffer abschmecken.

Den Wirsing in Streifen schneiden und in kochendem Salzwasser etwa 4 Minuten blanchieren. Die Nudeln im Wirsingwasser bissfest kochen, in ein Sieb geben und gut abtropfen lassen.

Die Nudeln mit Wirsing, Pesto und der Hälfte des Parmesankäses mischen, den restlichen Käse extra servieren.

Steinpilze auf Wirsing

vegetarisch

Wirsing putzen, vom Strunk und den dicken Mittelrippen befreien und sehr fein schneiden. Schalotten oder Zwiebel schälen und ebenfalls sehr fein schneiden. Die Pilze mit einem Pinsel oder einem trockenem Tuch putzen oder ganz kurz abbrausen. In nicht zu dünne Scheiben schneiden. 20 g Butter in einem Topf erhitzen und die Wirsingstreifen darin unter Rühren 1–2 Minuten dünsten. Mit Salz, Pfeffer und Zucker würzen.

Die Schalottenwürfel in 20 g Butter glasig anschwitzen, mit Sherry ablöschen und mit Salz, Pfeffer und Essig abschmecken.

Die Pilzscheiben in der restlichen Butter von beiden Seiten braun braten, salzen und pfeffern.

Den Wirsing auf Teller verteilen, die Pilzscheiben darauf legen, die Schalottenbutter darübergießen.

600 g Wirsing (ersatzweise Spitzkohl)

3 Schalotten oder eine Zwiebel, klein

500 g Steinpilze, frisch

80 g Butter

Salz, Pfeffer

1 Msp. Zucker

40 ml Sherry Fino

1 Spritzer Apfel- oder Weißweinessig

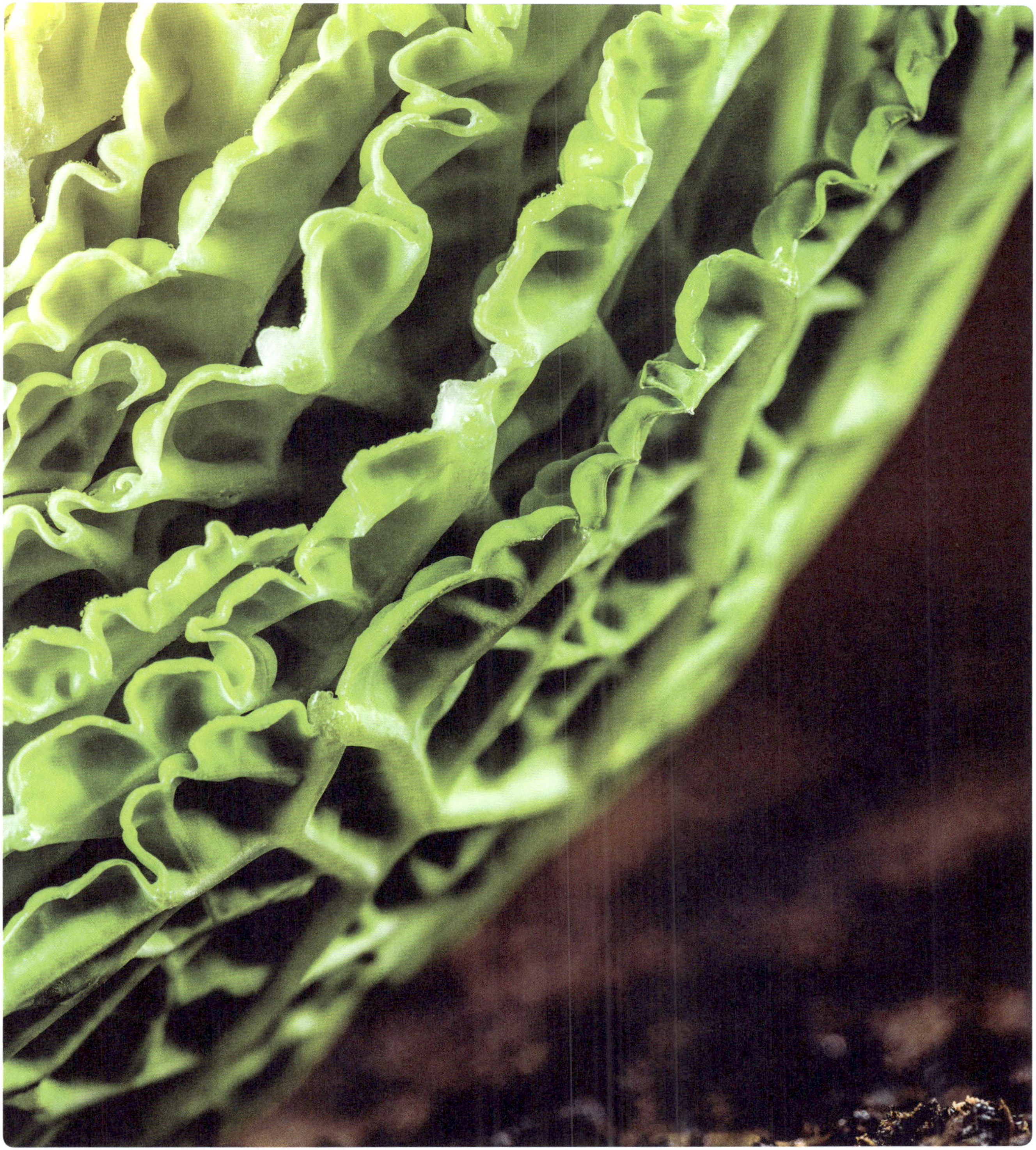

Wirsing-Tarte

Mehl, Butter, Eigelb und Salz mit kaltem Wasser verkneten, bis ein fester Teig entsteht. In Klarsichtfolie hüllen und eine halbe Stunde kalt stellen.

Den Wirsing putzen, vierteln, den Strunk entfernen. Die Blätter in kleine Stücke schneiden und in Salzwasser 2–3 Minuten blanchieren. Herausnehmen und auf Küchenpapier abtropfen lassen. Den Speck fein würfeln und in Öl knusprig auslassen. Den Wirsing hinzufügen und kurz unter Rühren mitdünsten, salzen und pfeffern. Etwas abkühlen lassen. Die Eier verquirlen. Saure Sahne, Magerquark und Sahne mit den Eiern verrühren, salzen und pfeffern und mit Muskat würzen.

Den Teig auf einer bemehlten Arbeitsfläche auf Tartegröße (28 cm Durchmesser) ausrollen, in die gefettete Tarteform legen. Die Wirsingmischung gleichmäßig auf dem Tarteboden verteilen und mit der Eiersahne begießen.

Im vorgeheizten Backofen bei 175 °C 45 Minuten goldbraun backen.

Variante: Sauerkraut-Kuchen

Entweder den Teig wie oben oder einen Hefeteig aus 400 g Mehl, 25 g Hefe, Salz und 250 ml Milch zubereiten. Für den Belag 750 g Sauerkraut mit 1 gewürfelten Zwiebel andünsten, zwei in Spalten geschnittene Äpfel, 300 g saure Sahne, 3 Eier und 50 g Kürbiskerne hinzufügen. Mit Kümmel würzen. Im Backofen bei 200 °C etwa 30 Minuten backen.

Als Unterlage eignet sich auch ein Teig aus gekochten Kartoffeln und Quark.

Für den Teig:

225 g Mehl

150 g Butter

1 Eigelb

1 TL Salz

2 EL Wasser

Für den Belag:

1 kg Wirsing

200 g Speck, geräuchert, ohne Schwarte

1 EL Öl

Salz, Pfeffer

3 Eier

125 g saure Sahne oder crème fraîche

125 g Magerquark

125 ml Sahne

Muskat

Wirsingpäckchen mit Auberginen

vegetarisch

4 Wirsingblätter, groß, blanchiert und trocken getupft (siehe Anleitung Seite 159)

1 Aubergine (350 g)

2 EL Salz

1 Tomate

250 g Schafskäse

2 Knoblauchzehen

4–6 EL Olivenöl

1 Chilischote, getrocknet

Pfeffer

2–3 EL Wasser

Von den Wirsingblättern die Mittelrippe bis zur Mitte herausschneiden. Die Aubergine würfeln, in ein Sieb geben, mit Salz bestreuen und eine Stunde stehen lassen, dann gründlich unter fließendem Wasser abspülen und trocken tupfen. Die Tomate entkernen und klein würfeln, den Schafskäse ebenfalls klein würfeln, die Knoblauchzehen schälen.

4 EL Olivenöl in einer Pfanne erhitzen und die Auberginenwürfel unter Rühren 2–3 Minuten braten, dann die Tomate hinzufügen und eine weitere Minute braten. Den Knoblauch dazupressen, die Chilischote hineinbröseln und alles pfeffern. Den Schafskäse hinzufügen, alles miteinander vermischen. Nicht salzen – durch die Auberginen und den Schafskäse ist das Gericht schon salzig genug.

Die Wirsingblätter auf der Arbeitsplatte ausbreiten und die Auberginenmischung mittig daraufsetzen. Zuerst die beiden Außenseiten über der Füllung zusammenklappen und dann von unten nach oben aufrollen. Mit Küchengarn zubinden. Das restliche Olivenöl in einer Pfanne erhitzen und die Wirsingpäckchen von allen Seiten goldbraun braten. 2–3 EL Wasser hinzufügen, die Pfanne verschließen und die Päckchen etwa 10 Minuten bei schwacher Hitze garen.

Alternativ kann man die Wirsingpäckchen grillen.

Dazu passt Couscous oder Reis.

Flusskrebse im Krautwickel

Den Wirsing am Strunk kreisförmig einschneiden und in kochendes Wasser legen, bis sich die Blätter lösen.

Die Wirsingblätter auf Küchenpapier oder einem Handtuch abtropfen lassen und die Mittelrippen entfernen.

2 EL Krebsbutter bei milder Hitze zerlassen und mit den Eigelben, den Bröseln und dem Salz vermengen. Das Flusskrebsfleisch gut damit vermischen und nach Geschmack salzen.

Das Flusskrebsfleisch in jeweils ein etwas kleineres Wirsingblatt wickeln und mit einem größeren umhüllen. Mit Küchengarn zubinden.

Die Zwiebel fein würfeln. Die restliche Krebsbutter zerlassen und die Zwiebelwürfel darin unter Rühren etwa eine Minute braten. Dann die Krautwickel hinzufügen und einige Minuten unter Rühren ebenfalls von allen Seiten anbraten. Fischfond, Weißwein und Sahne hinzufügen, salzen und alles etwa 20 Minuten garen.

Tipp: Falls Flusskrebse übrig bleiben, kann man sie gegen Ende der Garzeit zu den Krautwickeln geben.

Info: Dieses Rezept ist über 200 Jahre alt und wurde dem Kochbuch „Und rührs ein pahr Vatter Unßer lang“ (Edition Raetia, 2014) entnommen. Es handelt sich um ein Familienrezept der Familie Haller.

1 Wirsing (ca. 1 kg)

3–4 EL Krebsbutter (beim Fischhändler oder im Internet bestellen)

2 Eigelbe

2 EL Semmelbrösel

Salz

300 g Flusskrebsfleisch, in Lake

1 Zwiebel, klein

125 ml Fischfond

125 ml Weißwein

125 ml Sahne

Wirsingrouladen mit Kartoffel-Kastanien-Füllung

vegetarisch

Für 6 Personen

1 Wirsing (ca. 1,2 kg)

1 Zwiebel

400 g Kartoffeln

200 g Kastanien, geschält und gekocht

4 EL Butter

Salz, Pfeffer

1 Msp. Muskat

1 Eigelb

2 EL saure Sahne

2–3 EL Olivenöl

125 ml Gemüsebrühe (siehe Rezept Seite 14)

100 ml Sahne

Den Wirsing in kochendes Salzwasser geben, 2 Minuten kochen, vom Herd nehmen und 5–6 Minuten im Wasser lassen. 12 Blätter ablösen und auf Küchenpapier abtropfen lassen.

Die Zwiebel fein würfeln, die Kartoffeln schälen, waschen und in sehr kleine Würfel schneiden, die Kastanien grob hacken. 3 EL Butter zerlassen und die Hälfte der Zwiebelwürfel darin unter Rühren bei Mittelhitze 2 Minuten braten. Kartoffel- und Kastanienwürfel hinzufügen und 5–6 Minuten braten, öfter umrühren. Mit Salz, Pfeffer und Muskat würzen. Vom Herd nehmen, Eigelb und saure Sahne unterrühren.

Von den Wirsingblättern die dicke Mittelrippe etwa 2 cm herausschneiden. Jeweils 2 Blätter aufeinander legen, die Kartoffel-Mischung in die Mitte geben, die Blätter einschlagen und von unten nach oben aufrollen. Mit Küchengarn zubinden.

Olivenöl und die restliche Butter in einem großen Topf zerlassen, die restlichen Zwiebelwürfel darin unter Rühren anschwitzen. Die Wirsingrouladen in den Topf geben und etwa 10 Minuten lang von beiden Seiten goldbraun anbraten. Mit der Gemüsebrühe ablöschen, die Sahne angießen und die Rouladen im geschlossenen Topf etwa 30 Minuten garen.

Als Beilage reichen die Rouladen für 6 Personen, für 2–3 sind sie eine Hauptmahlzeit.

Wirsingpüree

vegetarisch

Den Wirsing putzen, den Strunk herausschneiden. In kochendem Salzwasser etwa 7 Minuten blanchieren, herausnehmen und abtropfen lassen.

Die Schalotte fein würfeln, in der Butter hell anschwitzen. Den Wirsing in Stücke schneiden, hinzufügen und 8–10 Minuten mitgaren. 125 ml Sahne einrühren und aufkochen. Im Mixer oder mit dem Stabmixer pürieren, mit Salz, Pfeffer, Muskat und Zitronensaft abschmecken. Die restliche Sahne steif schlagen und unterheben.

Passt gut zu Forelle oder Saibling, aber auch zu Wachteln oder Wildgeflügel.

750 g Wirsing

1 Schalotte oder ½ Zwiebel

3 EL Butter

250 ml Sahne

Salz, Pfeffer

1 Msp. Muskat

1 Spritzer Zitronensaft

Wirsing-Topf mit Lamm

Die Zwiebel schälen und vierteln. Das Fleisch in einen Kochtopf geben, mit Wasser knapp bedecken, Zwiebel, Salz hinzufügen, zum Kochen bringen und eine gute Stunde halb zugedeckt köcheln lassen. Das Fleisch herausnehmen, von den Knochen lösen, in mundgerechte Stücke teilen und beiseitestellen. Vom Kochsud 1,5 l abmessen (sollte es zu wenig Flüssigkeit sein, mit Brühe auffüllen) und wieder in den Topf geben.

Die Karotten putzen, in Scheiben schneiden, die Kartoffeln schälen, waschen und würfeln, den Wirsing klein schneiden. Karotten und Kartoffeln in die Brühe geben, wieder zum Kochen bringen, Rosmarin und Thymian hinzufügen und 15 Minuten köcheln lassen. Dann Wirsing und Fleisch hinzufügen und weitere 10 Minuten köcheln lassen. Rosmarin- und Thymianzweige entfernen, mit Salz und Pfeffer abschmecken und servieren.

Tipp: Besonders kräftig wird die Brühe, wenn man Lamm-Brühwürfel (vom türkischen Händler) verwendet.

Statt Karotten und Kartoffeln kann man auch Steckrüben verwenden.

Für 4–6 Portionen

1 Zwiebel

1,2 kg Lammfleisch mit Knochen (z. B. Schulter)

Salz

150 g Karotten

300 g Kartoffeln

250 g Wirsing (geputzt)

1 Zweig Rosmarin

2 Zweige Thymian (ersatzweise 2 TL Thymian, getrocknet)

Pfeffer

Wirsing-Hühnchen

1 Wirsing (ca. 1,2 kg)

Salz, Pfeffer

1,8 kg Hühnerkeulen

180 g Bauchspeck, geräuchert

1 EL Samenöl

100 g Butterschmalz

300 ml Hühnerbrühe (siehe Rezept Seite 15)

Den Wirsing putzen, waschen, den Strunk herausschneiden und den Wirsing für 5–8 Minuten in kochendes Salzwasser geben. Herausnehmen, abtropfen lassen und die dicken Mittelrippen herausschneiden. Die Hühnerkeulen salzen und pfeffern. Den Speck in feine Würfel schneiden und in einer großen Pfanne in heißem Öl knusprig braten. Die Speckwürfel aus der Pfanne nehmen, Butterschmalz hinzufügen und die Hühnerkeulen von allen Seiten kräftig braun anbraten. Die Hühnerkeulen herausnehmen, die Pfanne mit den Wirsingblättern auslegen, die Speckwürfel dazwischen streuen. Die Hühnerkeulen auf die Wirsingblätter legen, die heiße Brühe angießen und alles zugedeckt 45 Minuten schmoren lassen.

Dazu passen Kartoffelklöße oder Semmelknödel.

Variante: Anstelle des Wirsings eignet sich auch Sauerkraut. Die Hühnerkeulen mit Öl und Paprika einreiben und anbraten. Das Sauerkraut mit Zwiebeln, Knoblauch, Lorbeer und Wacholderbeeren ebenfalls anbraten. Die Hälfte des Krauts in einen Topf geben, die Hühnerteile darauf legen und mit dem Sauerkrautrest bedecken. Brühe angießen und zugedeckt 45 Minuten schmoren lassen.

Wirsing mit Nudeln und Fleisch

Die Nudeln nach Packungsanweisung kochen. Zwiebel und Ingwer schälen und fein schneiden. Knoblauch schälen. Gemüse und Fleisch in mundgerechte Streifen oder Stücke schneiden.

Das Öl in einem Topf erhitzen und Zwiebel und Ingwer darin unter Rühren hellbraun rösten. Den Knoblauch dazupressen und kurz mitbraten. Gemüse und Fleisch hinzufügen und alles unter häufigem Rühren etwa 5 Minuten braten. Eventuell etwas Wasser angießen.

Zum Schluss die fertigen, abgetropften Nudeln daruntermischen. Mit Sojasoße, Salz, Pfeffer und Zucker abschmecken.

Tipp: Im Winter gibt es selten frische Erbsenschoten, also müssen Sie auf tiefgekühlte Erbsen zurückgreifen.

300 g Bandnudeln (Fettuccine oder Tagliatelle)

1 Zwiebel

10 g Ingwer

4 Knoblauchzehen

200 g Wirsing

150 g Staudensellerie

100 g Lauch

100 g Erbsen

1 Paprikaschote, grün, geputzt

200 g Bratenreste von Huhn oder Schwein

4–6 EL Samenöl

6 EL Sojasoße

Salz, Pfeffer

1 TL Zucker

Wirsing-Auflauf mit Hackfleisch und Kapern-Sardellen-Soße

Für den Auflauf:

1 Wirsing (ca. 800 g)

3 l Gemüsebrühe (siehe Rezept Seite 14)

500 g Hackfleisch, gemischt

1 Zwiebel

3 Sardellenfilets, in Öl, aus dem Glas, abgetropft

1 Ei

3 EL Kapern

3 EL Semmelbrösel

Salz, Pfeffer

½ **TL** Muskat

1 Kartoffel (ca. 300 g)

Für die Soße:

40 g Butter

3–4 Sardellenfilets

2 EL Mehl

200 ml Milch

250 ml Kochbrühe vom Wirsing

Salz, Pfeffer

½ **TL** Muskat

4 EL Kapern

2 EL Kapernflüssigkeit

½ **TL** Zucker

Butterflöckchen

Den Strunk vom Wirsing kreisförmig einschneiden, sodass sich die Blätter leicht lösen lassen. So viel Gemüsebrühe zum Kochen bringen, dass der Wirsing knapp bedeckt ist. 10 Minuten zugedeckt köcheln lassen. Herausnehmen, 8–10 Blätter lösen und auf Küchenpapier trocknen.

Das Hackfleisch in eine Schüssel geben. Die Zwiebel halbieren und fein würfeln. Die Hälfte beiseitestellen. Die Sardellenfilets fein hacken und mit Ei, Zwiebelwürfeln, Kapern und Bröseln zum Hackfleisch geben. Alles gut vermischen und kräftig mit Salz, Pfeffer und Muskat würzen. Die Kartoffel schälen, waschen und in dünne Scheiben schneiden.

Für die Soße die Butter zerlassen und die restlichen Zwiebelwürfel darin unter Rühren 2 Minuten hellgelb dünsten. Die Sardellenfilets fein hacken und unter Rühren weitere 2 Minuten mit den Zwiebeln braten. Das Mehl hinzufügen und eine weitere Minute rühren. Mit der kalten Milch ablöschen, gut umrühren, damit sich keine Klümpchen bilden. Mit der Kochbrühe aufgießen und mit Salz, Pfeffer und Muskat würzen. Kapern und Kapernflüssigkeit sowie Zucker hinzufügen und 10 Minuten bei Mittelhitze offen köcheln lassen.

Eine ofenfeste Form mit der Hälfte der Wirsingblätter auslegen. Die Fleischmischung darauf geben und mit einem Löffel glatt streichen. Die Kartoffelscheiben darauf legen. Die Hälfte der Soße darauf gießen und verteilen. Mit den restlichen Wirsingblättern bedecken und die restliche Soße darüber gießen. Mit Butterflöckchen belegen und im vorgeheizten Backofen bei 175 °C etwa 45–50 Minuten überbacken.

Register

Suppen

Vorspeisen / Beilagen

Hauptspeisen ohne Fleisch

Hauptspeisen mit Fleisch und Fisch

Nachspeisen

Sonstiges

Vegan

Vegetarisch

Low carb

Hauptspeisen mit Fleisch und Fisch

Nachspeisen

Sonstiges

Vegan

Vegetarisch

Low carb

Die Autorin

Cornelia Haller ist gebürtige Düsseldorferin, hat fast 40 Bücher geschrieben und Reportagen zu den Themen Culinaria, Reisen und Alltagskultur verfasst. 2015 hat sie gemeinsam mit ihrem Mann das Kochbuch „Und rührs ein pahr Vatter Unßer lang“ bei Edition Raetia herausgebracht. Bei den Gourmand World Cookbook Awards 2015 wurde das Buch zum Winner Italy in der Kategorie Best Local Cuisine Book. In Yantai (China) wurde es schließlich zum weltweit zweitbesten Kochbuch in dieser Kategorie gekürt.